大卫·休谟论信仰 致费希特

〔德〕雅可比 著

刘伟冬 李红燕 译

商务印书馆
创于1897
The Commercial Press

Friedrich Heinrich Jacobi

David Hume Über Den Glauben

oder, Idealismus und Realismus

根据 Loewe 出版社 1787 年版译出

Jacobi An Fichte

根据 Perthes 出版社 1799 年版译出

David Hume
über den Glauben

---

oder
Idealismus und Realismus.

Ein Gespräch
von
Friedrich Heinrich Jacobi.

Ναφε, και μιμνας απιστιν · αρθρα ταυτα των
φρενων.

Epicharm. Fragm. Troch.

Breslau,
bey Gottl. Loewe.
1787.

Jacobi an Fichte.

Nous sommes trop élevés à l'égard de nous mêmes,
et nous ne saurions nous comprendre.

Fenelon nach Augustinus.

Hamburg
bei Friedrich Perthes.
1799

译　序

　　雅可比的《大卫·休谟论信仰》全名为《大卫·休谟论信仰：或观念论与实在论》，首次出版于1787年。这篇对话主要涉及大卫·休谟论信仰、观念论与实在论、论理性三个主题，外加一篇增补文章《论先验观念论》。在这本著作中，雅可比表达了一种反对观念论、拥护实在论的立场。

　　雅可比在有关大卫·休谟的部分中指出，作为实在论者，我们的一切知识皆起源于信仰，"因为在处在可探究关系的位置之前，事物必然已经被赋予给我"①。雅可比的"信仰"意味着关于外在世界真实性的一种直接的确定性，即一种无根据的"认其为真"。直接的确定性意味着排除了一切间接的确定性，因此排除了知性的论证和表象的秩序。在雅可比看来，人的生存以及一切知识，都要以这样一种直接的确定性为前提，这表明知识与信仰具有完全不同的特质。而就两者的关系而言，雅可比认为信仰是第一位的，信仰是知识实在性的保证，一切实在性对人来说只有通过信仰才能获得。雅可比的观点最初看起来似乎难以理解，毕竟人们已经习惯于说我

---

　　① 见《大卫·休谟论信仰》第 VI 页。凡参见本书的页码，均为原书页码，即本书边码。

们有了论证、逻辑关系后才会产生信仰；习惯于说先求证，再相信。而如果对一切论证、知识作彻底的还原，我们最终会得到一条不可还原的真理。源始真理都是通过直觉直接确定的，它们不能被某种更加确实的东西来证明，而其他真理则要在源始真理的基础上借助逻辑演绎获得。伴随着直觉的"认其为真"就是雅可比所说的信仰，这样一种"认其为真"虽然无须论证，但它是一切需要论证的知识的基础。

在这一部分，雅可比虽然援引休谟，可实际上否定了休谟对信仰的理解。休谟的信仰来自于根据、关系、论证，因此是第二手的。信仰在雅可比那里被理解为人的生存和知识的基础，因为我们无法不在信仰中生活。休谟虽然也有类似的看法，但是雅可比的信仰不是以休谟的怀疑论为前提的。

在"观念论与实在论"这一部分，雅可比着重批判了以斯宾诺莎哲学为主体的观念论。雅可比认为将因果原理与根据原理相混淆是导致错误的思辨哲学的根源。基于根据原理的知识就是来自作为整体的、存在于各个部分关系的知识。整体的存在者是通过各个部分的联结构成的，可以说这个整体的存在者来自属于它的各个部分，整体不能居于部分之外，但是同时部分在整体之内才能被称为部分，部分不能脱离整体而存在。各个部分的单纯相加并不构成整体，从而整体也并不是部分的简单加和。整体是一，整体高于各个部分。

在这里我们窥探到了雅可比所谓根据原理隐含的秘密：根据是作为一个整体而存在的；根据在逻辑上先于它的后果，但就时间而言则是同时的，正如整体与部分是同时存在的一样，一旦两者的关系表现为非同时的，那么两者的关系就解体了。几何学的表现可以让根据与后果的关系变得更加直观：包围一个空间的三条线作为一个整体是三角形存在的根据，虽然三个角与三角形是同时存在的，在时间上没有先后的区别，但是我们不能说两者在逻辑上没有先后。显然三角形是先于三角形之内的三个角的，因为如果不是事先就有三角形这个整体，那么三角形的三个角也就无从谈起。当然我们可以谈论三个角，但这并不是三角形的三个角。根据与后果、整体与部分必然同时存在，没有时间的先后。如果我们以根据原理看世界，我们看到的只是同时性；如果我们看到了变化，那是因为我们把概念的运行误解为真正的时间，把概念的逻辑关系误解为事物的现实关系。

根据原理更大的问题，在于其造成了传统形而上学家对神的误解，这之中又以斯宾诺莎、谢林和黑格尔最为典型。斯宾诺莎把神与一切有限的存在者统一起来，虽然神是一切有限之物得以存在、被思维的根据，但是对雅可比来说，斯宾诺莎的神取消了神的人格性、神的意识，因此斯宾诺莎的神实质上否定了神。谢林的自然哲学实质上也只是斯宾诺莎哲学的变形，他把自然理解为一种完善的存在，自然就是一切，无物在自然之上，无物在自然之外，一切皆在自然之中。这同样将消解人格性的神的存在。因此，在一定意义上可以说，根据律是无神论的根源。

雅可比认为，理性与感性不是两种孤立的能力。更进一步地说，雅可比认为理性先天地渗透着感性，而感性也先天地被理性规定。这意味着我们对事物的感觉已经包含着理性的要素，理性的程度规定了我们感觉的程度，甚至一个事物的美丑。一个人的理性愈强大，那么他对一个事物的感觉就愈敏锐。与此相对的是，人的理性也受到感性的束缚，理性的限度受限于感觉的层次："最纯粹和最丰富的理性根据的是最纯粹和最丰富的感觉。"[①] 人的高贵灵魂离不开丰富、敏锐的感觉，试想一个人感觉迟钝，很难想象他会拥有高级的理性以及优美的灵魂。理性与感性是统一着的："心灵是一种总体性。"因此，每一个个体都作为一个不可分的整体存在着。而观念论——例如以康德为代表的启蒙哲学——却将自我仅仅视为一种单纯的、抽象的形式，以至于具体的、完整的自我消失了，自我被虚无化了。可以说观念论倡导的自我，实质是一种无自我的自我，也由此扼杀了自我。

在增补文章中，雅可比对康德的先验观念论进行了批判，他认为康德对物自体（又称自在之物）的设定违背了其哲学体系的一贯性。因为按照康德的学术概念，作为现象的经验对象只能以表象的形式在自我之内存在，而对于物自体我们却一无所知。撇开物自体，知识将不具有任何客观意义，那么要为认识论建立一个客观根据，就不应该仅仅停留在现象上，而应该力图把握物自体。据此雅可比指出，我们无法绕开物自体的预设进入康德的体系，但是通过物自体，我们又不能停留在康德的体系之中。由此可以说，物自体是理解康德哲学的钥匙，但同时康德对物自体的规定阻断了康德向本真领域的进展。另外，雅可比认为康德的认识论使我们陷入了唯我论，造成了我们认识的虚无性。虽然康德声称在直观的杂多中构造了一个综合的统一体，并说这个统一体就是对象，但是这对象不

---

① 　见《大卫·休谟论信仰》第 184 页。

是物自体。可以说，康德所谓认识的对象只是自我规定的产物，对象只在自我中存在，每一个对象和知识都是按照我们的本性在我们的意识中组合在一起的。由于康德认为我们无法认识外在于我们的真实之物，因此康德意义上的对象缺乏实在的内容。

* * *

　　本书的第二部分《致费希特》首次出版于 1799 年。耶拿时期的费希特创造力空前高涨，凭借一部部著作逐渐建立了他的知识学体系。然而就在这时爆发了促使其离开耶拿的无神论之争。作为当时重要的哲学家，雅可比很难置身事外。费希特一度希望雅可比支持自己的观点，但是雅可比还是根据自己的哲学信念"秉公执法"，批评费希特哲学本质上是一种无神论和虚无主义。值得注意的是，在哲学史上是《致费希特》首次提出了"虚无主义"这一概念。

　　此外，雅可比认为费希特哲学是一种倒置的斯宾诺莎哲学。斯宾诺莎认为万物通过实体并在实体中存在，而对费希特而言万物通过自我并在自我中存在。雅可比指出，斯宾诺莎哲学实质是一种无神论，因为这种哲学是一种以知性为根基的哲学，而知性的有限性必将导致无神论，由此费希特的思辨哲学作为斯宾诺莎哲学的变形，就其本质而言同样是无神论。雅可比进而认为费希特的自我本身就是一切客体知识的原则，每种科学都是根据自我这个原型生产出来的主客同一体。在费希特哲学中，自我的制造是一切中的一切，在此之外无物存在。可以说，费希特所谓科学的内容就在于自我的活动，而这个自我的活动与生成同时就是其对象的生成过程。

但是不管自我怎样活动，它始终没有触及实存的内容，因此在雅可比看来，自我活动的整个过程都是虚无的，即为了虚无进入虚无、从虚无到虚无的过程。

* * *

《大卫·休谟论信仰》中译本根据勒韦出版社（Loewe Verlag）1787 年版译出；《致费希特》中译本根据佩尔特斯出版社（Perthes Verlag）1799 年版译出。在翻译过程中，译者还参考了瓦尔特·耶施克（Walter Jaeschke）所编德文本：*Schriften zum transzendentalen Idealismus*（Felix Meiner Verlag, 2004），以及乔治·迪乔瓦尼（Geogre di Giovanni）所译英文本：*The Main Philosophical Writings and the Novel Allwill*（McGill-Queen's University Press, 1994）。

此书的翻译离不开关群德老师的大力支持，以及龚李萱编辑的辛苦劳作，在此致谢。雅可比是德国浪漫主义的代表人物，对德国哲学的演进产生重要影响。然而译者水平有限，译文有不妥之处，深望读者指正批评。

刘伟冬

2023 年 9 月于哈尔滨

目　录

大卫·休谟论信仰

序言 ··· 5

［正文］ ··· 9

增补 ·· 97

   论先验观念论 ·· 97

致费希特

序言 ··· 113

［正文］ ··· 117

增补 ··· 149

   增补 I ·· 150

   增补 II ··· 152

   增补 III ·· 158

附文 ··· 161

   1 论人的自由 ·· 162

   2 摘自《阿尔维信札》序言，第 XVI 页，注释 ············· 172

   3 摘自《阿尔维信札》，第 295 页 ························· 173

   4 摘自《沃尔德玛》，第一部分，参见 138 页 ·············· 176

   5 节选自一封致友人的信——论康德的道德学说 ··········· 178

大卫·休谟论信仰

或者观念论与实在论

自然迷惑了皮浪主义者,理性迷惑了教条主义者——我们　Ⅱ
对证明的无能为力,没有任何教条主义者能够克服。我们拥有
的真理观念,没有任何皮浪主义者能够驳倒。[*]

——帕斯卡尔(Pascal)

---

*　雅可比此处引用了法语。——译者

序　言

以下对话录分为三个部分，原本打算各自分开刊印，第一个对话录标题为"大卫·休谟论信仰"，第二个对话录标题为"观念论与实在论"，第三个对话录则为"莱布尼茨或论理性"，但是这一计划被某些变故扰乱，因此三个对话录被整合成了一篇。

第二部分的标题也可以合理地涵盖第三部分的内容。然而"或者"一词居于第一部分的标题之下，并不完全合乎情理，为此我深 表歉意。

《论斯宾诺莎的学说——致门德尔松先生的书信》中我一反常态地使用了"信仰"（Glauben）一词，其实并非出自我的意愿，而是基于某种哲学的宣言：理性知识并不只是梳理关系，而是触及事物的现实实存本身及其属性，——并且它是这样地扩展自身，以至于通过理性获得的关于现实实存的知识具有一种无可置疑的确定性，而这种确定性永远也无法归于感性知识。根据这一哲学，便存在两种关于现实实存的知识，一种是确定的，一种是存疑的。后者，我 曾经说过应称之为"信仰"。*因为我们假定任何不在理性根源中产

---

* 此处应指雅可比曾在《论斯宾诺莎的学说——致门德尔松先生的书信》提及过。——译者

生的知识都是"信仰"。

然而我的哲学不认为关于现实实存的知识中存在任何二元性，它只主张一种通过感觉获得的单一知识，而且显然就它自身而言，这只会将理性限制为一种知觉关系的单纯能力，也就是形成同一性原则以及按照这一原则进行判断的能力。但是我必须承认只有那些关于同一命题的断言才是无可置疑的，并具有绝对的确定性，而且，任何关于在我的表象之外的物的自身存在（Dasein an sich）的断言都绝不可能是无可置疑的肯定，或是具有绝对的确定性。因此，观念论者自身基于这一差别，能迫使我承认我关于现实事物外在于我而存在的信念（Überzeugung）仅仅只是信仰。但是随后，作为实在论者，我则必须宣称：一切知识皆完全并仅仅起源于信仰，因为在处在可探究关系的位置之前，事物必然已经被赋予给我。

关于这一观点的阐述将构成以下对话录的内容。我将此呈献给诸位真理之友，也算是得偿所愿。然而，对于那些爱慕其他东西胜过真理的人，我则将斩钉截铁地否定他们的那种爱。

在此有必要再附上两条便函。

Ⅰ. 正如我在以下对话录宣称的，我拥护"实在论"，反对"观念论"。同样地，关于这两种学术概念，我相信，我在《论斯宾诺莎的学说——致门德尔松先生的书信》中的第 162—164 页以及第 180—181 页已经相当清晰地表述过了。尽管如此，之后我还是被怀疑存在先验观念论的倾向。这一质疑完全违背了事实，而且只能在我与门德尔松辩论时，在我提及作为伟大思想家的康德时所表现出的仰慕与惊奇之中寻得根据。人们揪住我在捍卫自己时援引《纯粹理性批判》中关于信仰的那段话不放，对我直接附注的一处评论以及随后补充的另一处评论完全视而不见。然而，我这种谨慎的措辞，就我所经验的而言，反而在那些充分理解我的先验观念论者中，获得了更为友好的回应。

Ⅱ. 在这一对话录的附录："论先验观念论"中，我在阐释康德学说时四处采用了原作者的用语，虽然我没有特地标注引号，但任何人都能仅通过查找我在阐释中指涉到的原书页码就发现这一点。但是某些人还是可能会说我没有理解先验观念论，因此我出于谨慎考虑预先作出以下提议：这样一种反驳若是要成立，只有满足 ⅸ 一个条件，即人们要么同样也揭示他如何能够不按照我所描述的那样理解先验观念论，要么这位反驳者就将陷入一种难以化解的冲突之中，并且放弃其所有宣言。我通篇的论述都仰仗于这一"要么/要么"。

1787 年 3 月 28 日，杜塞尔多夫

所有这些闪光点就不一一细数了：
思维的卓越之处在于自由，
自由在公开与真理中显现自身。*

——奥特韦（Otway）

---

* 此处雅可比引用了英语。——译者

据说在伦理学中，"有多少个头脑，就有多少个想法"。反过来说才切实为真；没有什么像头脑一般平平无奇，没有什么像忠言那样珍稀无比。*

——狄德罗（Diderot）

保持头脑清醒，切莫轻信友人；这便是智慧赖以维系的纽带。

——埃庇卡摩斯的长短格残篇**

---

* 此处雅可比引用了法语。——译者

** 埃庇卡摩斯（Epicharmus，公元前 540 年—前 450 年），希腊喜剧剧作家、哲学家。此处雅可比引用了希腊语："Ναφε, και μιμνας απιστειν αρθρα ταυτα των φρενων"。——译者

[正文]

他：还穿着睡衣啊！你生病了吗？

我：着了点风寒。我一直卧床到中午，而且无法进食，所以刚刚才起来。

他：你拿着的是什么有趣的书？

我：有趣的书？你为什么这样说？

他：我推门进来时看见了你的神情。

我：我正在看一些关于信仰的思考。

他：你指的是《柏林月刊》的五月刊？

我：那些期刊这么有趣吗？看看我的书！这是休谟的论文集（Essays）**。

他：那么它是反信仰的。

我：不，它是拥护信仰的。你最近读了休谟吗？

他：好多年没读这部论文集了。

我：好多年了？你总是纠缠于康德哲学，可是康德在《未来形

** 疑指大卫·休谟于 1748 年出版的《人类理解哲学论文集》（*Philosophical Essays concerning Human Understanding*）。该书在 1757 年版中更名为人们熟知的《人类理智研究》（*An Enquiry concerning Human Understanding*）。——译者

3　而上学导论》的序言说了那些话之后，你竟没有直接找出休谟的那部分文字，从头到尾再读一遍？这太不可原谅了。

他：你知道我是怎么研读康德的。难道哲学体系的整个详细历史并不属于哲学体系这一概念吗？那样的话就不存在终结了。

我：你指的是，不存在开端。

他：我明白你笑的缘故。但是倘若你还像个信仰导师一样向我讲授休谟，那就到此为止吧。要不然就让我把那本书带回家。学了英文之后我便替换了译本，但是迟迟未着手购买原著。

4　我：好啊，很高兴听你这样说。我已经守口如瓶太久了，就是怕过早泄露秘密。而现在也不知怎么回事，我却说漏了嘴。

他：如果是秘密却还被刊印在书卷里，那么它真是个奇怪的秘密。

我：但那恰恰是它所有的美妙所在——刊印在书卷里，这本书还被翻译成多种语言，并且蜚声在外。然而它仍旧还是个秘密。——还有我的塞克斯都·恩披里克（Sextus Empirikus）怎么样？

他：请见谅。你两次寄书给我的时候，我都不在家。但是仆人现在肯定已经送过来了。

我：如果他带着那本书，那我就可以好好地翻阅了。

5　他：我能请教一下为何你如此急迫地问起它？

我：……有一段关于"自我定位"——或者说是关于"信仰"的话：随你喜欢哪种说法。

他：在塞克斯都·恩披里克中？

我：正是。亚里士多德哲学中某些类似的言论让我突然想起了这段话。

他：这倒是我第一次听说的新闻！

我：……两千年之前的新闻！

6　他：但是你显然不能永远保守这则新闻和秘密。《论斯宾诺莎的学说——致门德尔松先生的书信》的新版及其所有附录何时出版？

我：反正无法在下一个欢乐节之前出版。

他：去年那个时候就应该已经出版了。

我：是啊，我也希望那时候出版——差点就达成了，可是没有包含附录。

他：我就知道！你又回到我听到你经常引用的塞涅卡的箴言："我所知的，人们不接受；人们接受的，我却不知"（*Quae ego scio,populus non probat;quae probat,ego nescio*）。我曾经摩拳擦掌，想在塞涅卡中你标注了"请留意"的地方写下我们德国的格言：过于精明的人是愚蠢的。你因为过于频繁地忽视必要的中介概念而背负骂名，这并非毫无道理。向你的敌人学习（*Ab hoste consilium*）！"切勿锋芒过盛。"如果你不听从忠言，至少也该追随　7成功的范例。你知道，建立任意的关联也无可厚非，前提是取样足够广泛，尤其要注意，确保联系的纽带最终处于正确的秩序之中。为了对称性起见，也有必要提出无形的纽带。所以为何在这本书上如此吝啬呢？

我：所言极是。你对无形纽带的说法很有道理。

他：这是事实，只要你把它放在心上的话。所以如果有人把一个蜡制鼻子安在了你的脸上，那么无疑这一切都是你咎由自取。

我：你的意思是，因为我没有用纸糊的鼻子来乔装掩饰，没有采用恰当的面具样式。

8　　　他：只要让你的鼻子被恰当地看见就行。想必你不会认为消除被重点攻击的命题的所有模糊性有多么艰难。

　　　我：这其实是小菜一碟——如此轻而易举……

　　　他：……但是你对此不屑一顾。

　　　我：嗯，这是白费功夫。想想莱辛早期的寓言吧，寓言中一只忧郁的生灵渴望拥有眼睛，可就在它得到眼睛的时候，它却哀号道："这不可能是眼睛！"①

　　　他：随你怎么说吧——但是任何理解自身的人，也能够使自身
9　被他人理解，只要他没有丧失耐心，哪怕所有的学术评论和期刊都沆瀣一气，坐在注重实效的法庭上妄图掩盖真理。

　　　我：在暴君克劳狄乌斯强迫不愿进食的神圣母鸡饮水的那一刻，他便输了战争。②*

10　　　他：有道理。但是没有人要求你在众目睽睽之下对神圣母鸡下

————————————

　　　① 《莱辛选集》（柏林，1784 年），第 2 卷，第 94 页；（旧版，1770 年），第 1 卷，第 125 页。

　　　② 西塞罗：《论神性》（de Natura Deorum）第 II 卷，第 3 节。我向一个朋友展示了这段话的原稿，他从《为罗斯克乌斯·阿梅里努斯辩护》摘出下述段落，添加到这一引述中。"鹅的饲料以公费购买，而狗被拴在国会大厦内，若有盗贼进入，则会发出警报。但是它们无法分辨谁是小偷。相应地，若有人夜访国会大厦，它们就会发出警报；因为这是一件可疑的事，尽管它们只是动物，它却是出于更为谨慎的考量才时常犯错。然而如果大白天有人祭拜神明，狗也胡乱吠叫，我想它们的腿会被打断吧，因为那种情况并不存在什么蹊跷，它们却还是怒吼咆哮。"

　　　* "神圣母鸡"之典同样出自西塞罗的《论神性》。公元前 249 年，罗马执政官阿皮乌斯·克劳狄乌斯·普尔切（Appius Claudius Pulcher）在第一次布匿战争中惨败于迦太基的舰队。人们认为，这次失败是由克劳狄乌斯开战前不敬神的行动造成的。当时，用于占卜的神圣母鸡不想吃东西，人们认为这是一个坏兆头。残暴的克劳狄乌斯命令把它们扔进海里，说："既然它们不想吃，就让它们喝吧！"——译者

手，这个民族的人如此虔诚地注视着母鸡象征祥瑞的进食或是不进食，远超其他开化的欧洲人。不必理会这些迷信，走自己的路，任凭死人埋葬他们的死人 *。

我：亲爱的朋友，我历经了四十三年的风霜，命运在各个方面都予我以重击。可能在思想天赋上胜过我的人多如繁星，但是我肯定，在对洞见与真理追求的坚毅与激情上胜过我的人绝对寥寥无几。我矢志不渝地探索真理最广为人知的起源，还有一些不甚知名的起源。① 我对它们当中的某些起源刨根问底，直到它们完全消 11
失在不可见的迹象中。在很长一段时间里，我都觉察到有其他探索者随行，而且他们之中大多数都是我这个年龄段的佼佼者。我有必要——其实是被迫——不遗余力地反复考查，使能力经受考验。因此若我如同初生的牛犊、自恋的学究，或者以其他愚昧的方式，不切实际地自视甚高，那简直就是天方夜谭。但是同样地，若我遭受蒙蔽，自视过低，认为自己不如那些只拥有可怜的一小撮知识却自 12
以为满腹经纶的家伙，那也实属不当——他们只想教唆我转向我早已规避的谬误——他们这样做借用的还是他们自己越发明显的诡辩。然而这才是对我的期望。当我像一匹任人贩卖的骏马，被卑劣无耻、毫无眼力的平庸之辈牵至市场，每个行人都要检查我的牙口，

---

* 《马太福音》8:22。柏林的哲人当时正在埋葬门德尔松。——译者

① "另一个错误，同样与前者有关，它是前一个观念或流派的思想，在经受过变化与检验之后，最好的那个始终战胜并压制其余的一切；因此就像一个人要进行新的探索，他也只能发现一些先前在某种程度上被否定且因为被否定而被淡忘的东西：就像众人，或者说因为众人的关系，智者更不愿意接受通俗肤浅的东西，而非深刻重要的东西；因为事实就是，时间如同河水或溪流，向我们汹涌而来的都是轻盈浮泛的东西，沉积水底的都是厚重坚实的东西。"培根，《广学论》(de augmentis scientiarum)。(* 雅可比此处引用了拉丁语。——译者)

寻找每一个可能存在的瑕疵，一些顽劣的流浪儿则在旁边揪扯我尾巴的毛发，用针扎我的背，而我应当顺从地接受，认为这都是自然的、恰当的、完全合理的，——也许这只是我尚未习惯罢了，也许这有点超出我愿意承受的范围了。——你是在摇头吗？

他：少一点傲慢，或者说少一点敏感！——就以一位逃脱此类
13 命运的圣人为例。来自哈勒的傲慢暴躁的路德维希，单纯出于地域的关系，一时兴起就说希罗尼穆斯·贡丁（Hieronymus Gundling）不过是"无名小卒"！① 我只是从一千个例子中挑出一例！许你整整八天，想出另一位勇敢之人，想出某位深刻的作家，比包括我选中的贡丁在内的那数千人，获得了更好的命运。就举出一个例子就
14 行！有人要因此遭遇麻烦吗？

我：哦，我一点也不害怕麻烦。险境使人兴奋。我所厌恶的是萎靡，是无法不在灵魂最深处生出鄙夷之后产生的恶心感——是无法不对人们粗暴地扭曲自己关于正义与真理的情感、恬不知耻地屈从于谎言② 当面唾弃产生的恶心感。为什么我要使自己或许所剩无

---

① 参见普特尔（Pütter）：《德国公法文献》（*Litteratur des teutschen Staatsrechts*），第 1 部分。优秀的海尔曼·康令（Herman Conring），这位仍然有功于德国宪法的人，并没有获得比贡丁（Gundling）更好的命运。他致力于在真正的起源、历史以及旧章中寻找德国法律与我们祖国的宪法的根据。由此他不得不忍受首相塔博（Tabor）责骂他为"野蛮人"，批评他将罗马法学的光明弃于一边，只为了陪我们残暴无知的先人们再次在黑暗中跌跌撞撞。然而葛里朋柯（Gripenker）却懂得如何以其他方式理解我们的康令。参见普特尔，出处同上，以及海涅克（Heinec）的《德国法典》（*Corp. J. Germ*）序言。

② "事实上，撒谎是一种背负诅咒的罪行。我们生而为人，仅仅是依靠我们的语言凝聚在一起。如果我们意识到了撒谎的残酷性与严重性，我们就会更加公正地对其判以火刑，而不是其他那些罪行了。"《蒙田随笔集》（*Essais de Montaigne*），第 1 册，第 IX 章，第 79 页。亦可查阅 D. 穆斯（D. Mus.）译本，1787 年，第 49 页。（* 此处所引为法语。——译者）

几的残年陷入苦海，为什么我要以这种方式生活？

他：因为人绝不该半途而废。

我：好啊。可我们不要迷失在泛泛而谈之中，我该完成的究竟是什么？我该从哪里着手？

他：就从所有那些关于你在传授盲目信仰并且贬低理性的抨击入手啊，你怎么还需要问呢？

我：什么叫盲目信仰？它不就是基于外观、缺乏根据或真正洞见的认同吗？——有什么让你疑虑的吗？

他：没有，你的定义无可非议。

我：好的。而你认为我被怀疑在传递那种信仰。对吧？

他：确实如此。但是拜托，为什么你要问我这些问题？我好几天前就寄给你那本对耶稣会教义的初步阐释。这本书在你手边吗？

我：它就在这儿。

他：你看看，第 173 页很清楚地叙述道"你推崇的是一种无条件的盲目的信仰，这样一来就摧毁了新教最强有力的支柱，也就是不受束缚的探索精神与理性作用……"

我：倒不如这样说："……他摧毁了神秘的极端耶稣会教义最有力的支柱，也就是不受束缚的曲解精神，以及闪烁其词、咬文嚼字与夸夸其谈的作用……"

他："……因此你让理性与宗教的权利屈从于一个人类权威的准则。"这一段的注释甚至更加清楚地写道："你的信仰与启示的理论推动了天主教，并且以宗教的真理之名，诋毁理性探索的作用……而且你想通过歪曲语词现如今的用法，来诱导人们接受人类权威。"这对你来说够充分了吧？

我：相当充分。但是现在，请看看我的叙述，告诉我，有什么内容可以为任何这样的指控辩解，我不会说是辩护。有什么内容可以让这一辩解暗中裹挟某种理性证明吗？除了"信仰"一词，你再找不到其他内容了。拟写诉状的那位，除了这个词，再找不到其他什么了。但是他在我的书中发现了一些令他不悦的内容，由于他对自身党派的政治势力信心十足，所以他毫不介意在我头上扣上莫须有的罪名；尽管他清楚直接地意识到这是诬陷。而且更加心狠手辣的是，他还罗织了另一条罪名，仅仅用了一个空洞的语词"因此"。——是这样吗，还是说并非如此？

他：当然是这样。

我：那么事实是，对我在传递盲目信仰的指控，在我书中找不到哪怕一丝一毫的根据。还有一个事实是，我依然还是要背负大众关于这一学说的质疑。在一群盲从的大众面前，我怎么还可能就盲目信仰的指控开始自我辩护呢？只要有人当场对我提出同样非法的控诉，那项罪名就成立了。

他：莫操之过急，我的朋友。让我们回到先前你给出的关于盲目信仰的定义。也许你的对手们会说这一定义对盲目信仰这一概念的限定过于狭隘。任何认同、任何断言，只要没有建立在理性的根据之上，就可能，也将会不得不，被称为盲目信仰。

我：我的对手们真的会愿意这样想吗？

他：为什么不呢？

我：你说得对。为什么不呢？——好，那么请回答我：你为什么相信我现在坐在你面前，在和你交谈？

他：我不单是相信；我是知道。

我：你是从哪里知道的？

他：因为我感觉到了。

我：你感觉到，我坐在你面前和你说话。这对我来说完全匪夷 20
所思。你究竟指的是什么？现在坐在这里和你说话的我，对你而言
仅仅只是一种感觉（*Empfindung*）？

他：你不是我的感觉，但你是引起我感觉的外在原因。感觉，
再联系起它的原因，就给我带来了称为"你"的表象。

我：那么你是感觉到了一种作为原因的原因吗？难道你觉察到
了一种感觉，由此又觉察到另一种感觉，其中你发觉这一感觉是那
一感觉的原因，它们共同构成一个表象——一个包含了某种你称为
对象的东西的表象？这就是事实吗？请再仔细思考一下吧；关于这
一切我完全不能理解。那么请简单地回答我：你从哪里知道那个作 21
为原因的关于原因的感觉，是一种关于外在的原因、关于外在于你
感觉的现实对象、一个自在之物的感觉？

他：我知道这一点，是基于感性的自明性（*Evidenz*）。对此我
所持有的确定性，是一种直接的确定性，就像对我自身实存持有的
确定性一样。

我：你是在逗我吧！当然一位康德学派的哲学家可以这样说，
他只是经验的实在论者①，但是你自称是真正实在论者，真正的实
在论者不能这样说。感性的、自明的有效性恰恰就是问题所在。当
然，显现为外在于我们的事物不需要证明。但是它们同样不只是我 22
们心中单纯的现象，不只是我们自身的单纯规定，因此完全和外在
之物的表象不同；相反，作为心中的表象，它们涉及真正外在的、

---

① 参见增补:《论先验观念论》。

自在的存在者，而且源自这些存在者：这一切不仅引发质疑，而且已经反复表明这些质疑无法基于最严格意义上合理的理性根据被消除。所以根据我的信仰来类推，你认为的关于外在之物的直接确定性，也是盲目的确定性。

他：但是你不是在致门德尔松的第三封信中说"我们通过某种确定性觉察到其他现实事物，而通过这种确定性，我们才觉察到自身"吗？

我：那句话出现在我刚说完这一知识在严格哲学意义上仅仅只是信仰之后，因为任何经不起严格证明的东西（当下瞬间的意识除外）都只能被相信，而且在语言中不存在其他任何语词来表述这一区分。当然我们在日常生活中不会这样说话。但是在日常生活中也不会出现任何关于我们在这里指出的这一区分的问题；准确地说，这个问题属于哲学，在哲学中，这一区分对研究人类理性及其作用至关重要——而且我们如何解决这个问题具有重大的影响。那是门德尔松和我之间的较量。毫无缘由地，门德尔松将基督教的意向（Gesinnung）强加于我，而实际上这意向既不是基督教的也不是我的，作为犹太人的他反对这些意向，说道："我的宗教只知道通过理性根据消除这种疑惑的义务；它不强迫任何对永恒真理的信仰，因此，我还拥有另一个依据去寻求信念。"

不难发觉隐含于这一讥讽戏谑中的指控，我曾经试图偷偷摸摸地逃脱那项指控。但那是因为我不想予以还击，还击了便会卷入一个我并不想卷入的问题，所以我只给出了以下答复："如果每一个并非源自理性根据，而被视为真理的东西是信仰"——因为理性知识与信仰之间的对立已被门德尔松自己引证过——"那么基于理性根据的信念必然自身就起源于信仰，并且只从信仰中获得它的力量"。——这是我与一位知名哲学家私下交流时的表达，我料定我所持立场的前提已被知晓，且它的真理性已被接受。当私下的交流 25 被不加修订地公之于众时，公平起见，就仍然应该将它视作并判定为一种私下的交流（这种交流意味着只是从一位学者的书斋周转到另一位学者的书斋，完全无意于作为公众读物），而且被表述内容中的不同关联不会被忽视。那样一来，根据门德尔松赋予永恒真理这一概念的广延，我的主张将是……

他：我亲爱的朋友，我担心我们离题太远，终会迷失方向。我们必须提防这种错误。

你说任何经不起严格证明的东西都只能被相信，而且除了信仰一词，再没有其他任何语词来区分我们视之为真的方式。但是正如你的声明那样，这一区分很早以前就被我们大多数人觉察。那么我 26 们的语言当中怎么可能没有一个词来表述它？你关于这个语词的用法闻所未闻。这种含义无处可寻。

我：无处可寻？请翻阅《大众·文学》今年（1786 年）的四月刊，其中关于里德《论人的理智能力》的评论。*你就会发现那里采用的正是我这种含义。而且同样你将会随处发现这些事物被哲学化。我再重申一遍：语言中不存在其他任何语词 ①。

---

* 据考，托马斯·里德（Thomas Reid）于 1785 年在英国剑桥大学出版社出版了《论人的理智能力》(*Essays on the Intellectual Power of Man*)；德语报纸《大众·文学》(*Die Allgemeine Literatur-Zeitung*)于 1786 年 4 月 27 日刊登了对该书的评论(181—183 页)。此后，里德于 1788 年出版了与前作名字极为相似的新书《论人的积极能力》(*Essays on the Active Power of Man*)；《大众·文学》于 1788 年 8 月 9 日再次刊登了对里德新书的评论(385—390 页)。——译者

① 门德尔松也采纳了该词。参见《晨时》(*Morgenstunden*)初版，第 106 页。

他：你是说在《大众·文学》中？

27　　我：看这，第 182 页："他（里德）将概念（Conception）……与知觉（Perception）区分开来，或许知觉最恰当的描述应该是感觉，因为根据他的定义，知觉指的是与关于外在对象的信仰密切相关的事物的表象"。

他：看到你火速摆出一个例证，还是从那本因为该词的运用而对你极尽苛责的刊物中找出来的，我就很想笑。

我：我已经将那些最引人注目的责难摘录下来，结集成册。它们就插在我那本休谟的书里。我们要一起读那页内容吗？

他：荣幸至极。

28　　我：《大众·文学》，第 36 期和 125 期："我们不相信我们拥有身体，不相信其他物体和其他思维存在者存在于我们之外。相反，我们拥有关于自身的感觉；我们感知我们的身体以及其他外在之物，而且我们推断出外在于我们的思维存在者。自古以来逻辑与常识就在信仰与感觉之间做了区分。现在无视这一点，意味着会使理性学说的一个基本概念陷入完全不必要的混乱。而且用'信仰'指称其他人所指称的'感觉'或'感性信念'，便是对语词一般用法的一种任意扭曲；这是一种文字游戏，为了制造某人发表了新鲜言论的幻象。但是'空谈'（kenodoxia）甚至比'谬论'（paradoxia）更加恶劣。人们应该通俗地用词表意，而不是随意重铸流通货币。人

29　们不应该扬起那种如果不是遮天蔽日的话便毫无意义的尘土来引发误解，被人怀疑想鬼鬼祟祟地将一切都归于对宗教的实证定理的信仰。"——我有遗漏什么重要信息吗？

他：没遗漏什么重要的。但是我不明白反复重申的必要，虽然

在我看来，紧锣密鼓的评论同样发挥了强调的效果。我很好奇，当
你提出那些根据的时候，人们会如何反应。

我：我的根据？我有更好的方式，这种方式不像根据那样不堪
一击或被轻易无视。我背后有权威①。我方才宣读的尖刻批评，可悉 30
数套用在我杰出的大卫·休谟身上。我将这一切移交给他，让他来
应对逻辑和知性，并且找到一条路返回理性运用的第一规则。让他
来反驳那些控诉，所谓"空谈"，文字游戏，废话连篇，盲目的或无
意义的兴风作浪，但是最重要的是以下嫌疑：所谓他意图偷偷摸摸
将一切都还原为对宗教的实证定理的信仰。没有一个争议不直接
指向他，因为他不仅像我一样在同种意义上使用了信仰一词，而且 31
在严格意义上坚持这种用法，以便强调它就是那个符合含义的词；
它是唯一适合这样使用的词②。

---

① 笛卡尔想要将他的著作《人论》（*De homine*）寄与索邦大学，于是写信给梅森
（Mersenne）牧师："我将不惜一切代价用权威来为自己背书，因为真理就自身而言一文
不值。"也就是说索邦大学在笛卡尔自己的眼中毫无威信力，根本不值一提。他本人的
原话是："我承认我是被某人的喋喋不休所鼓动，才下定决心从此之后尽可能地借用他
人的权威，因为，尽管伟大辉煌，但是独自追求真理已经不再时兴。"Ep. P.II. Ep. 43。
（*后一句所引为法语。——译者）

② 我遭受到了诸多诟病，尤其是因为发表了所谓的"闻所未闻的说法"，亦即我
们自身身体的实存，也只能被相信。这一指控实在是令人震惊，因为同样的说法亦见迹
于笛卡尔以及其后众多哲学家笔下。比尔芬格（Bilfinger）在他的《哲学原理》（*Dilucid.
Philos.*）第243节中，说道："我知道，若是有人要求他们证明这个身体是他们的身体，
人们就会捧腹大笑。而且，若是质疑者也被卷入质疑之中，他们发笑就合情合理。因为
那种观念对每一个人来说都如此普遍和清晰，根本不可能有谁会在这一点上遭受欺
骗。但是清晰（distincte）知晓他人明确（clara）知晓的东西，也就是罗列人们辨认自己
身体所依循的准则，乃是哲学家的责任。你从何处知道这一身体是你的身体？没有人会
期望哲学家和孩子们一起回复道：我就是知道！"而在247到248节之间，他论证道——
在我看来，毋庸置疑——我们无法质疑显现在我们身体之外的事物的现实实存，若是不
同时质疑我们自己身体的实存的话。《耶拿文学报》（*Jenaer Literatur-Zeitung*）（接下页）

32　　　他：你的秘密已经泄露了。就把它和盘托出吧。

33　　　我：不必这般哄劝，毕竟已经泄露那么多了。

　　　首先，为了做好准备，请思考这段关于经院哲学或怀疑论的话①：

34　　　　　很明显，人类被一种天生的冲动或本质的基本性状所裹挟，从而相信感官；而且无需任何理性推理，甚至在完全调动

35　　　　　理性之前，我们就始终如一地假定了一个外部世界，这一世界并不依赖于我们的知觉，而是即便我们以及一切有感觉的存在

（接上页）那位满腹经纶、备受赞誉的编辑，舒尔茨（Schütz）教授在《形而上学》（*Metaphysik*）（莱姆戈，1776 年）的开篇写道："人类的灵魂对自身的存在深信不疑，是因为它意识到它的诸表象。没有人会对自己的实存产生怀疑。然而我们所谓的'身体'是否现实存在于灵魂之外，则可以打上问号。这里不便对此疑惑进行深究，而且……"

33　关于这一问题，布丰（Buffon）的《自然历史》（*Historie naturelle*）（第 Ⅱ 卷，第 432 页及其后；第一版四开本）有一段无比精彩的论述（很遗憾在此我无法完整地插入这一段）。我就从中间部分（第 434 页）摘出以下这几行："然而我们可以相信某物存在于我们之外，而无需对此进行确认，但是我们坚信自己心中所有事物的现实实存。因此我们灵魂的实存是确定无疑的；然而一旦关于'物质可能只是我们灵魂的一种样式，一种观看的方式'的念头在我们脑海中生起，我们的身体似乎就不再是确定无疑的了。"你看，连布丰都仅仅只是相信自己拥有一个身体。

　　① 因为我对休谟的现有译文不甚满意，而且有的人可能会质疑我翻译的准确性，所以我特此附上整篇英语原文。我采用的是《人类理智研究》（*An Enquiry concerning Human Understanding*）伦敦 1770 年版小八开本，第 XII 节。"It seems evident, that

34　men are carried, by a natural instinct or prepossession, to repose faith in their sense: and that, without any reasoning, or even almost before the use of reason, we always suppose an external universe, which depends not on our perception, but would exist, though we and every sensible creature were absent or annihilated. Even the animal creation are governed by a like opinion, and preserve this *belief* of external objects, in all their thoughts, designs, and actions. ... This very table, which we see white, and which we fell hard, is *believed* to exist, independent of our perception, and to be something external to our mind, which perceives it……"

者皆缺席或灭亡，这个世界依然存在。甚至动物也被这种观念支配，它们的思想、目的、行动都遵循这一关于外在之物的信仰……这张桌子，我们看见它是白色的，摸起来是坚硬的，我们相信它现实存在，独立我们的感觉存在，并且作为外在于有感觉的存在者——他拥有感觉的表象——的某物存在。

现在，让我们翻看真正重要的段落。你还记得休谟著名的质疑吧，他质疑我们通常从必然的因果关系得出的推论是否可靠。

他：如果我记忆无误的话，他的推理大致如下。感性的外观无 36 法向我们揭示任何事物的内在力量。当清澈的湖水第一次映入眼帘的时候，亚当不会知道他投身水中会窒息而亡。他也不会知道他只有一个身体（Cörper）供给自身养分，其他的身体则不能。当第一次看见一种现象跟随另一种现象发生的时候，我们也不敢基于个别的知觉就妄下判断，认为前者是因，后者是果。仅仅因为同种次第更迭的现象反复出现，这种联系就在想象中构建起来了。有多少次，某种关系保留了千百年之后，却被一项全新的发现陡然切断？这足以证明我们在前后相继之中知觉到的只是连续的事物而非联结的纽带。即使涉及的是自己身体的运动，我们也只能凭经验判断 37 其中哪一个产生于我们意志的某种规定，哪一个不是。我可以全凭自己的心意从椅子上起身，但是我无法任意地入睡或感觉到饥渴。但是这两个例子中，成或败的真正中项（medius terminus）对我们来说同样都不可知。现在我们回到争议的点，此处缺失的中项，在其他任何地方同样也缺失。

由于诸现象的联结，它们的关联本身，从未在直观中显现，所以更别提通过理性推论发现了。因为单纯相对意义上的普遍命题表达的只是先行的个别知觉的不确定的总和，而绝对普遍的命题表达的只是概念之间的关系，也就是概念内的同一性要素。后一种情况中，永恒的中项就是无矛盾命题"同一就是同一"（idem est 38 idem），但是一个直接简明的"存在"（esse）的"当下所为"（facit）则绝不可能从中推导得出。

　　我：确实如此！听着。[①]

---

　　① （* 在原书中，雅可比为展现自己忠于休谟之意，特地在脚注中附上了休谟的英文原文。为展现原书风貌，中译本也附上雅可比所引用的全文，如下。——译者）

　　Nothing is more free than the imagination of man; and though it cannot exceed that original stock of ideas, furnished by the internal and external senses, it has unlimited power of mixing, compounding, separating and dividing these ideas, to all the varieties 39 of fiction and vision. It can feign a train of events, with all the appearance of reality, ascribe to them a particular time and place, conceive them as existent, and paint them out to itself with every circumstance, that belongs to any historical fact, which it believes with the greatest certainty. Wherein, therefore, consists the difference between such a fiction and belief? It lies not merely in any particular idea, which is annexed to such a conception as commands our assent, and which is wanting to every known fiction. For as 40 the mind has authority over all its ideas, it could voluntarily annex this particular idea to any fiction, and consequently be able to believe whatever it pleases, contrary to what we find by daily experience. We can in our conception, join the head of a man to the body of a horse; but it is not in our power to believe that such an animal has ever really existed.

　　It follows, therefore, that the difference between *fiction* and *belief* lies in some 41 sentiment or feeling, which is annexed to the latter, not to the former, and which depends not on the will, nor can be commanded at pleasure. It must be excited by nature, like all other sentiments; and must arise from the particular situation, in which the mind is placed at any particular juncture. Whenever any object is presented to the memory or 42 senses, it immediately, by the force of custom, carries the imagination to conceive that object, which is usually conjoined to it; and this conception is attended with a feeling or sentiment, different from the loose reveries of the fancy. In this consists the whole nature of belief. For as there is no matter of fact which we believe so firmly, that we cannot conceive the contrary, there would be no difference between the conception（接下页）

……没有什么比人的想象力更自由了；虽然它无法逾越观

（接上页）assented to, and that which is rejected, were it not for some sentiment, which distinguishes the one from the other. If I see a billard-ball moving towards another, on a 43 smooth table, I can easily conceive it to stop upon contact. This conception implies no contradiction; but still it feels very differently from that conception, by which I represent to myself the impulse, and the communication of motion from one ball to another.

Were we to attempt a definition of this sentiment, we should, perhaps, find it a very difficult, if not an impossible task; in the same manner as if we should endeavour to 44 define the feeling of cold or passion or anger, to a creature who never had an experience of these sentiments. BELIEF is the true and proper name of this feeling; and no one is ever at a loss to know the meaning of that term; because every man is every moment conscious of the sentiment represented by it. It may not, however, be improper to attempt a *description* of this sentiment; in hopes we may, by that means, arrive at some analogies, which may afford a more perfect explication of it. I say then, that belief is 45 nothing but a more vivid, lively, forcible, firm, steady conception of an object, than what the imagination alone is ever able to attain. This variety of terms, which may seem so unphilosophical, is intended only to express that act of the mind, which renders realities, or what is taken for such, more present to us than fictions, causes them to weigh more in the thought, and gives them a superior influence on the passions and imagination. 46 Provided we agree about the thing, it is needless to dispute about the terms. The imagination has the command over all its ideas, and can join and mix and vary them, in all the ways possible. It may conceive fictitious objects with all the circumstances of place and time. It may set them, in a manner, before our eyes, in their true colours, just as they might have existed. But as it is impossible that this faculty of imagination can ever, of itself, reach belief, it is evident, that belief consists not in the peculiar nature or 47 order of ideas, but in the *manner* of their conception, and in their *feeling* to the mind. I confess, that it is impossible perfectly to explain this feeling or manner of conception. We may make use of words, which express something near it. But its true and proper name, as we observed before, is belief; which is a term, that every one sufficiently understands in common life. And in philosophy we can go nofarther than assert that 48 *belief* is something felt by the mind, which distinguishes the ideas of the judgment from the fictions of the imagination. It gives them more weight and influence; makes them appear of greater importance, inforces them in the mind; *and renders them the governing principle* of our actions. 休谟:《人类理智研究》, 第 V 节 (第 II 部分)。在我刚刚展示的他的论文集的第 71—73 页。

念的源始储备，被外感官与内感官加以装潢，但它拥有无限的
力量，可以将这些观念掺杂、混合、分离与切割成各种各样的
虚构与幻象。它可以用所有现实的现象伪装一系列事件，赋予
它们特定的时间地点，构想它们是存在的；它可以向自己把它
们及其一切细节描写出来，而且它所描写的情节符合它极其确
信的历史事实。因此那样一种虚构与信仰的区别存在于何处
呢？不仅仅存在于被附加在了那样一种迫使我们认同的构想
之上，为每个已知的虚构所欠缺的特殊表象中。因为灵魂有权
力支配它所有的表象，所以它可以任意地将这些特殊表象附加
在任何构想之上，从而能够随心所欲地相信它想相信的，违背
我们在日常经验中的发现。我们可以在构想中将人头与马身
拼接在一起，但是我们无法相信这样一种动物曾经现实存在。

　　因此可以随之得出，虚构与信仰之间的区别就在于某种感
觉或情感，这种感觉或情感附属于后者，而非附属于前者，既
不依赖于我们的意志，也无法呼之即来挥之即去。它必然被自
然所唤醒，就像其他一切情感一样；必然产生于特殊的情境，
其中灵魂被置于任一特定的时刻中。每当这个或者那个对象
被交付给记忆或感官时，它便习惯性地让想象力表象出通常与
它相关的对象；这一表象伴随着一种情感，与想象的漫无边际
并不相同。信仰的全部本性就在于此。由于不存在我们如此
坚信以至于无法构想其反面的事实，所以也就不存在被肯定的
表象与被否定的表象之间的区别，若是没有某种将二者区分开
来的感觉的话。如果我看见一颗桌球在平滑的桌面上滚向了
另一颗，我很容易想到它在碰撞之后就停下了。这一表象没有

包含任何矛盾；但是它仍然有异于另一种向我展现从一颗球到另一颗球的冲击与运动传递的表象。

若是我们尝试给这一情感下定义，或许我们就会发现这项任务即使不是完全不可能，也是艰巨万分。这就好比我们尝试着将寒冷的感觉或愤怒的激情，解释给一个完全没有这些感觉体验的生灵。信仰是这一情感真正恰当的名字；没有人不懂这个术语的意思；因为每个人每时每刻都意识到它所代表的感觉。然而，尝试描述这一情感或许并无不妥，或许我们可以期望通过这种方式进行某种类比（Analogien），这也许能提供一份关于它的更完善的说明。那么我要说，信仰无非是关于对象更为生动、真实、有力、严格、稳定的构想，而不是单凭想象就能获得的东西。这种似乎如此不哲学的术语，仅仅是为了表述灵魂的那种行为，那种行为令现实之物或我们认为的现实之物比虚构之物更容易地呈现在我们眼前，使它们在思想中占据更高的比重，让它们对激情和想象力产生更大的影响。倘若我们对此达成共识，那么就没有在这一术语上争论的必要了。想象力主宰着它所有的表象，能以一切可能的方式掺杂和改造它们。它能构想出附加了各种时空条件的虚构之物。它能够向我们呈现出它们真正的颜色，就像它们存在过一样。但是由于想象力自身永远无法企及信仰，信仰显然并不在于表象的特殊本质或秩序，而是在于它们知觉的方式，在于它们如何被灵魂感受。我承认，完全揭示这一情感或者知觉的方式是不可能的。我们借助语词，也只能够表达出与之相仿的东西。而它真正的、恰当的名字，正如我们先前所见，就是信仰；这是一个

48 日常生活中人人都充分理解的术语。而且在哲学中，我们无法阐明，而只能断定信仰是某种被灵魂感触到的东西，这种东西区分了关于现实之物的确认、关于它的表象以及想象力的虚构。由此那些表象获得了更高的比重与影响；显得更加举足轻重，穿透了灵魂；成为我们行为的统治性原则。*

现在，关于上述讲演你有什么要说的？

49 他：我要说的是大家不得不说的。大家不仅仅能看到其中"信仰"一词的运用和你一样，而且也能看到你的命题：信仰是一切知识与效用性的要素。甚至，似乎休谟纳入这一定理下的内容确实比你纳入的还要更多，并且将其运用延伸得更广。

我：对啊。我待会给你那本书，带回家仔细通读；接下来的两本，闲暇时再专心翻看。那个绝望的词"信仰"，一次一次地反复出现，你会发现没有信仰，我们都无法跨过门槛，坐在桌边，或是躺到床上。

他：现在，这里仍旧缺失的是，你通过援引休谟或其他具有同等权威的人，来证明在对外在之物的知觉上使用启示（*Offenbarung*）一词是合理的。

50 我：但是关于语言的一般运用所确证的某物，我们还需要特殊的事例或证明吗？我们通常用德语说对象通过感官向我们启示自身；同样的表达方式还能在法语、英语和拉丁语以及其他语言中找到。我们无法指望休谟像我一样着重强调这一点，其中一个原因

---

* 上述引文为译者根据雅可比的德文译出。——译者

就是，我们是真的知觉到事物外在于我们，还是知觉到它们仿佛外
在于我们，这一问题始终被他搁置。因此，他用那段我刚刚念给你
的话表述道："……现实之物，或者说人们认为的现实之物。"而且
按照他整个的思维模式，想必他的思辨哲学更倾向于怀疑的观念论
而非实在论。而另一方面，坚定的实在论者毫无疑问会根据感官证
据接受外在事物。按照这一确定性，他拒绝其他任何信念。他唯一
的思想就是：所有的概念，即便是那些我们认为是先天的，都源自　51
这一基础经验。我要问，这样一名坚定的实在论者通过某种方式获
得作为自在之物的外在对象的确定性，那么他要如何称呼这种方式
呢？除了事情本身——除了现实地站在他面前的事物，他没有任何
东西来支撑他的判断。他在这一点上还能找到比"启示"更恰当的
词来表达这一事实吗？进一步说，难道该词的·根·源，用法的·源·泉，
不是应该在这里寻找吗？

　　他：似乎确实如此。

　　我：自然而然可以推出，这一启示值得被称作"·真·正·的·奇·迹"。
因为如果"我们的意识内容仅仅只是对我们自我的单纯规定"这一　52
定理背后的根据，目前已经得到了恰当详尽的解释，那么似乎只有
观念论能够完全契合这一思辨理性。如果实在论者不以为意，还是
要坚持做一名实在论者，还要保留他的信仰，例如认为这张我们
称之为桌子的东西不是单纯的感觉，仅内在于我们心中的存在者，
而是外在于我们的存在者，独立于我们的表象，仅被我们感知——
如果真是这样，那么当他坚称外在之物被呈现给了他的意识的时
候，他就会天花乱坠地吹嘘这种启示，而我就可以逼迫他给出一个
更为恰当的表示"启示"的词。因为我们根本没有掌握任何关于这

种外在之物实存本身的证据①,除了它自身的实存。"我们能够对它有所意识"对我们而言必然不可思维。然而,正如我们所言,我们还是要宣称我们对它有所意识,我们做出这一断言,坚信"有物现实地存在于我们之外"——"我们的表象与概念依照存在于我们眼前的事物产生",而非相反是"仅仅在臆想中存在于我们眼前的事物依照我们的表象与概念产生"。——我想问:这一信念的根基是什么?实际上毫无根基,除非正好建立在启示之上,除了"真正的奇迹",我们无法授予这一启示其他任何名称。

他:但是至少,它不是直接的?

我:对我们来说它就是直接的,因为我们没有任何关于它真正的中介的认识。然而出于这一原因,要么就否认它依然借助某种自然中介出现,要么就像观念论者那样拒绝事实本身,因为它违背了理性——在我看来,这两种方式都不符合真正的哲学精神。我们太频繁地将那些从极其不相干与非充分的经验中得到的推论与最内在的经验对立起来,并匪夷所思地以这类推论为根据。毫无疑问,莱布尼茨所言非虚:人寻觅他们已知的,却不知他们要寻觅的②。

他:我完全赞同你说的。我忽然想起休谟有一段话也提到了一种关联感性表象的启示。难道你完全不记得了吗?

我:你指的想必是我最初念给你的那一章节中的一段话。其实

---

① 《纯粹理性批判》(*Kritik der reinen Vernunft*),第 368 页。(* 即 A 版第 368 页。——译者)

② 莱布尼茨:《人类理智新论》(*Nouveau essais sur l'entendement humain*),第 138 页。

它与我们现在正在谈论的议题没什么关系。你自己看看吧。

　　他：好的。

55

　　……诉诸至高存在者的真实性以证明我们感官的真实性，毫无疑问这陷入了一个古怪的循环中。如果他的诚实与这个问题息息相关，那么我们的感官就是绝对可靠的，因为他不可能进行欺骗。更不用说，如果外在世界再一次陷入质疑，那么我们将无法找到任何论据来证明至高存在者及其属性。①

　　这段话显然并不符合我所相信的，但是它与另一种信念相关，因为它使人们注意到，规定我们这些理性存在者应当在何种程度上信赖或怀疑感官证据是多么艰难。很明显它们经常欺骗我们，而且 56 如果有人留意这种欺骗有多么频繁，那么他就很容易原谅这一猜疑，即我们整个感性世界以及与这一世界相关的知性（Verstand）仅仅只是视觉假象。博内依然是我认为在这一点上最令人满意的一位，他在"分析研究"的第十五部分罗列了一系列局限性。*

　　我：博内在那篇文章中的言论非常具有参考性。但是即便再充分考虑，再深刻理解，仍然还是不够的，你还必须记住我的友人海

---

　　① 休谟：《人类理智研究》，第 XII 节（第 I 部分）。

　　* 此处疑指法国哲学家和自然学家夏尔·博内（Charles Bonnel）的《关于灵魂能力的分析》，即 Bonnel, *Essat analytique sur les facutles de I'dme.* Copenhagen: Phlliert, 1760。雅可比很可能阅读了它的德语译本，即 Bonnet, *Analytischer Versuch über die Seelenkräfte, aus dem französischen übersetzt und mit einigen Zusätzen vermehrt von Christian Gottfried Schütz*; Bremen: Cramer, 1770—1771。——译者

姆斯特乌斯在《索菲勒》中的那段话。[*]

　　根据《索菲勒》，我们关于对象的表象是两个方面的结果，一方面是我们与对象之间的联系，另一方面是将我们与对象分离开来的一切。譬如，光、我们的眼睛，以及我们与可视对象之间的神经纤维。让我们用数字 4 代表对象；数字 3 代表我们与对象之间的所有事物的总括；数字 12 代表关于对象的表象。现在，12 肯定不等于 4（$12 \neq 4$）。但是如果数字 4 不是 4，4 乘以 3 不会是 12。因此那个等同于 12 的表象，既不是关于代表对象的数字 4 的纯粹表象；也不是关于代表它与我之间的所有事物之总括的数字 3 的纯粹表象；同样也不是关于结合二者并照此结合的运作方式的纯粹表象。它反而就是关于 12 的表象。以一个球为例。外在对象连同存在于它与我之间的一切（整体印象以及我对它的接受）给予了我称为"球"的表象。现在再考察圆柱，外在表象连同存在于它与我之间的一切给予了我称之为"圆柱"的表象。然而，因为存在于我与球之间的和存在于我与圆柱之间的是同一个东西，我必然能够推论出我在球和圆柱之间知觉到的差异肯定存在于客体本身。——你已经意识到这一论述的成果有多么丰硕了。

　　以这种方式，海姆斯特乌斯指出，事物与我们关于它们的表象之间必然存在真正的相似性（Analogie），事物本身的关系将以确定

的方式通过我们表象的关系给予。经验也证实了这一点。——因为如果不是这样的话，艺术创造几乎无法契合现实，成为现实，而且必须遵照一个单纯的理想才能领略。

他：这种呈现事物的方式实际上很吸引人。告诉我，海姆斯特乌斯并没有同时宣称我们关于外在之物的现实实存（或者说实存本身）的信念是一个直接的信念吧？ 59

我：这个嘛，他至少尝试通过知性将之产生出来。

他：我知道博内确实尝试过——他甚至借助于想象力，通过知性的运作，创造出了"我"*。

我：谁走的又不是那条路呢？但是如果实在论者涉足此路，他便不可避免地落入观念论的陷阱。

他：快帮我逃脱这个陷阱，我感觉我此刻已经深陷其中。我想我已经明白，为何我们关于我们表象的对象自身的实存的信念只能 60
是直接的信念。但是现在它似乎还是依赖于一个推论。我随意地创造我表象的一部分；并且我可以随心所欲地将这些表象结合在一起：这时候我感觉到自己是活动着的存在者。但是同样存在着其他很多我无法任意创造出的表象，我无法随心所欲地将它们结合。那时候我感觉到自己是受动的存在者。这两种表象——即任意产生与联结的诸表象和非任意产生与联结的诸表象——的对比，使我得出一个结论，即第二种表象必然具有外在于我的原因，因而得出了关于现实外在于我的、独立于我的诸表象而存在的对象的概念与信念。

---

* 1815 年版以"让'我'显现出来"替换了"创造出了我"。——译者

我：然而那就是事实吗？看，这有一张桌子，上面有摆着棋子
61 的棋盘，卑微的仆人正在与你说话。我们仅仅通过一个推论就从表
象变成了对你而言的自在之物吗？然后，通过一个你附加在我们身
上的概念，我们就能够成为某种相对于你的外在之物，而非关于你
自身的单纯规定吗？——为什么不能？表象，作为单纯的表象，能
够且必然最先出现！无论在哪儿，它都是第一位的。现实性或存
在，仅仅是作为谓词被附加了上去，因为我们的灵魂就是一种表象
能力，它必然首先产生一种仅仅作为表象的表象。事物首先从理智
的神秘之卵，也就是矛盾律（Principium Contradictionis）中孕生，
而无需现实中那些可有可无的条件。可能性是……

他：看吧，你已经失去耐心了。

62 我：是啊。触及这一点，我总是很难保持镇定。这就好比我看
着人们倒立用头行走，同时嘶声厉吼："跳呀！跳呀！"还喊着："快
从那个异教徒身边跳开，那个异教徒蔑视头脑，竟然用脚站立！"

他：你知道就这一点而言，我和你想法一样，我也觉得质料发
源于形式荒谬至极：将实在之物附加在理想上，将现实之物附加在
可能之物上，将事物附加在它的概念上，仿佛它们仅仅是附加的规
定。但是认为我们获得关于外在对象的现实实存的信念是因为它
们的表象被赋予给我们，而无需我们的任何作为；因为我们永远都
不可能在感官清醒时将它们拒之门外；简言之，因为我们在它们那
里感觉到了消极，难道这不是同样荒谬至极吗？

63 我：无需任何附加，我们就产生出了意识。我们亦无法将它拒
之门外。我们在它那里感觉到的消极，并不比我们在所谓的"外在
事物的表象"上感受到的更少。那么这两种情况的消极状态所具有

的显著差异存在于哪里呢？ ①

　　他：我茅塞顿开了！——对象赋予意识的知觉有多少，意识赋予对象的知觉就有多少。我在同一个不可分割的时刻体验到我在， 64 以及有物在我之外；同时我的灵魂之于对象并不比对象之于自身更消极。任何表象，任何推论都无法中介这一双重启示。不存在任何灵魂中的东西介于对在它之外的现实之物的知觉与对在它之内的现实之物的知觉之间。表象尚未存在，它们仅仅作为原先出现的事物的影子在之后的反思中显现。而且，我们总是能够由它们回溯至实在之物，它们取自实在之物，预设实在之物；如果我们想要知道它们是否为真，我们就必须由它们回溯至实在之物。

　　我：你已经弄明白啦！但是我求你，再次屏息凝神，聚焦于某个单纯的知觉，那样你就会彻底地领悟并且至死不渝地确信"我" 65 和"你"，内在意识和外在对象，必然同时出现在灵魂中，甚至同时出现在最源始单纯的知觉中，二者在一个瞬间，在同一个不可分割的片刻，不存在先后，不存在任何知性的运作——的确，知性之中根本就不存在衍生因果概念的开端。

　　他：是的，我的朋友；我现在已经理解这点了，这样一来我不

---

　　① "生命是知觉之本。"

　　"表象内在于外在之物，作为杂糅的单一样式、杂多的统一形式，实际上构成了知觉。"

　　"感觉是包含某种确切之物且与注意力和记忆相关的知觉。"

　　　　　　《莱布尼茨哲学作品集》（*Oeuvres Philosophiques de Leibniz*）Ⅱ，第Ⅰ部分，第 227、232 页。（* 此处雅可比引用了拉丁语。——译者）

　　根据莱布尼茨的原理，对外在事物的表象，在没有感觉或者意识的情况下，是不可能的。然而，根据他的学说，感觉和意识，在没有对外界事物的表象的情况下，也是不可能的。

会再有所疑虑。这就好像我从一场昏沉的白日梦中醒了过来。

但是现在如果可以，请你务必再施以援手，将我从另一场梦中唤醒。

66 我已经很清楚，我们无法在对外在事物的单纯知觉中体验到能将我们引向因果概念的任何东西。那么我们是如何获得这一概念的呢？关于这一主题的著述已经浩如烟海，至今仍然有大量的篇章见之于世。门德尔松在《晨时》中将因果概念建立在对某些事物始终直接地前后相继的知觉之上，也就是经验与归纳之上。*如果人们对事物作出恰当的解释，就会发现这相当于某种对类似情况的单纯期望；而这种期望仅仅只是想象中的习惯性联想。这样休谟就拿下了一城。

我的问题是：我们是被迫承认这一胜利的吗？直到目前为止，一种难以抑制的情绪还在阻止我缴械投降，尽管在世间所有前后相继之物的联结中，我仅能现实地知觉到一个直接序列中的持存者。快帮我逃离这一尴尬的困境吧，如果你没有深陷其中的话。

67 我：不，我没有，但我曾经深陷其中。我会向你如实告知，我是如何从中逃脱的。

若我回溯得过远，你认为并无必要，那么也请您少安毋躁，事实上我们确实需要歇口气了，而且这会给我们带来更快的进展，这样一来你就会心生愉悦。——但是首先请让我瞥一眼前院，看看是否有人潜藏在里面。因为如果不谈论自身，我就不可能表述自身，

---

* 可详见门德尔松：《晨时或论神之存在的演讲》，商务印书馆 2022 年版，第 25—32 页。——译者

你也知道斯文人有多容易露出凶恶的嘴脸，他们不会冲上前只扔一块石头，他们会扔十块，因为没有一块是无足轻重的。

他：我不喜欢你这种调侃的口吻，因为这证明你不能完全无视那些可耻的夸夸之谈，我最不愿看见你丢失使你始终如此坦诚、如 68此无所顾忌的非凡胆识。

我：这没什么可担忧的！但是你敲响的警钟，我谨记于心。现在请听听我发自肺腑的论述，有兴趣的人尽可以旁听。

自我记事起，我就发现我无法将就地使用一个概念，如果它的对象，无论是外在的还是内在的，无法被我直观到。于我而言，客观真理与现实性是同一的，正如关于现实之物与知识的清晰表象。我无视且坚决反对任何不是以这种方式逐条检验的演证，或任何无法凭借直观考察的对象，以及在非感性层面的、超感性层面的，或者没有源头的东西。因此对我来说，如果数学上的点、线、面的定 69义是先于对"物体"的定义，而不是后于对它的定义，或者以相反的秩序来界定的话（也就是将"面"视为"物体"的末端、终点、界限，然后将"线"视为"面"的末端，最后将"点"视为"线"的末端），那么我就只能将这些（点、线、面的）定义视为单纯幻想，或者按照伏尔泰说的，视为"仿佛蹩脚的玩笑"（comme de mauvaises plaisanteries）。若我没有理解线如何通过一端静止而另一端沿着方向连续运动产生出圆，就无法理解圆的本质。

他：那么，物体自身的本性是什么呢？

我：这个问题稍后再谈。眼下我只想讲我自己的故事。

我的这一哲学特质很快成为了我各种糟糕境遇的根源。我总 70是被骂成蠢货，经常被怒斥为无聊、顽固或充满恶意。但是不论是咒骂还是最粗鲁的攻击都无法消除我的苦恼。它们仅仅让我对自己的心智能力产生了偏见，这最令我沮丧，因为它与我对哲学洞见最殷切的渴望结合在一起。

　　当我搬至日内瓦，命运才出现转机。我的数学老师，年迈体弱的迪朗（Durand），建议我向勒萨热 * 学习代数，并向他引荐了我。

　　勒萨热很快就接纳了我，而我也予以他最深的敬意与诚挚的信赖。

　　某日清晨，我鼓起勇气在课后向这位德高望重的人请教一些
71 科学的关注点，他详细地询问了我对课程的安排以及总体时间的规划。他听说我并未接受过任何哲学指导，全凭自我摸索，很是震惊。我向他解释说我是如此地愚钝迟缓，即便是思路最清晰的老师，我也无法跟上。我无法把握上下文，因此白白浪费了时间。——"你没有说实话（Vous êtes malin）！"勒萨热大笑说。我的脸红得像甜菜一般，结结巴巴地连声抗议，大意就是方才所述绝非虚言。我向他保证我生来就是最资质平庸的人，只有通过不懈努力，我才能略微克服自身的愚钝。我慷慨陈词，反复例举，以支撑我说法的真实性，说明我完全缺乏妥当的性情、敏捷的思维、想象力以及所有的一切。勒萨热问了我各种各样的问题，我都犹如孩童一般如实作
72 答。他用双手与我击掌，那感觉我至今难忘。

　　当天傍晚，我听见有人沿着迂回的阶梯来到四楼，一阵轻柔的敲门声后传来熟悉的声音，"我能进来吗（Est il permis）？"我爬起来，看见勒萨热站在面前。

---

　　* 乔治-路易·勒萨热（Georges-Louis Le Sage），1724—1803，日内瓦物理学家，以其重力理论和气体动力学研究而著称。——译者

他：我一想到你是怎样的感受，心就扑通乱跳。那样一种现象只会出现在远古时期。这属于部落时代和纯真年代，那时天使还会降临凡人的栖息之地。

我：试想一个少年，热情且脆弱，羞涩且自卑，但满怀一腔热情追寻精神更高的价值……

那个傍晚之后，我的生命掀开了崭新的篇章。勒萨热举了形形 73 色色的例子，向我表明那些我所认为超出理解能力的问题，大部分只是空洞的语词或谬误。他鼓励我要激情昂扬地追寻自己的路，如果需要，就从他的话语中汲取力量，如果我在其他任何地方皆无功而返的话。我表达了一个意愿，就是想和他组织一场围绕赫拉弗桑德《哲学导论》*的私人授课，不超过两个或三个学生参与。他答应我马上就会着手举办，事实上他的确这样做了。通过我慈爱的恩师，我很快建立起了某些有益的联系，同时我还接受他的指导与敦促，有如他亲生的儿子——当时我并未察觉到这一点，因为他很善于将慈父般的爱隐藏在类似手足情深的表达与交流中。

就这样，我生命中最愉快，当然也最硕果累累的两年时光过 74 去了。

之后我在医学院注册，并请求我的父亲送我前往格拉斯哥，忽然之间，我的前景一片迷茫，我的恩师与益友为我勾画的蓝图全部化为乌有。

---

* 威廉·雅各布的赫拉弗桑德（Willem Jacob's Gravesande），1688—1742，荷兰数学家和自然哲学家，曾为牛顿物理学进行辩护。雅可比此处所指的《哲学导论》全名为《哲学导论：形而上学与逻辑学》（*Introductio ad philosophiam: metaphysicam et logicam continens*），出版于 1736 年。——译者

　　在柏林科学院宣布以"论形而上科学中的自明性"为主题的论文竞赛结果之际，我回到了德国。没有什么比这个论题更吸引我了。我焦急万分地等待论文的发布。这个时刻终于到来时，公布的结果却有两个方面让我大吃一惊。

　　摘得桂冠的文章并没有满足我对该作者的期待，当时这位哲学家已经名声大噪。*让我更为震惊的是，第二篇仅获得荣誉奖的文章，
75　无论是其架构还是披露的信息，竟不能更完美地契合我的需求。**这篇文章帮助我完整地阐明那些隐藏着我备受苛责的粗鄙之源的概念，阐明我特殊性情的全部秘密。

　　至于那篇胜出的文章，尤其震撼我的是发现其中竟如此详尽地阐述通过理念探究上帝的实存，以及它是凭什么断定这一有效性的。当我浏览这一部分时，陷入了一种极为特殊的状态。

　　他：怎么会这样呢？是因为你对这一证明及其演绎仍不熟悉吗？

　　我：我对这些都很了解。但是因为这一证明的所有形式对我而
76　言都带有蒙骗性，而且不论在哪，我都证实了我的判断，我居然任由自己这么晚才对此感觉到困扰，这对我来说完全出乎意料。

　　他：所以，这一次证明的确给了你更深的触动。

　　我：并非如此。我只是觉得现在有必要从根本上对之加以研

---

　　*　获得该比赛一等奖的是门德尔松的论文，该论文的题目与比赛题目相同，就叫《论形而上科学中的自明性》(Über die Evidenz in metaphysischen Wissenschaften)，发表于 1764 年。——译者

　　**　获得该比赛二等奖的是康德的论文，题名为《关于自然神学和道德的诸原则的明晰性探究》(Untersuchung über die Deutlichkeit der Grundsätze der natürlichen Theologie und der Moral)，发表于 1764 年。——译者

究，以便一目了然地揭露它的错误，同时也能让我完全理解它打动他人的力量。

他：我不是很明白。

我：你待会就会明白了。每当我撞见于我而言毫无根据的错误断言，而这些断言是由饱学之士提出的，且采取的方式自身已经证明该问题经过了深思熟虑，亦即从不同的视角进行了反复的考察——我的策略就一如既往：我明白与我对立的观点基于一个成熟的反思，正如我的观点一样；但是这并不容许我妄下结论，宣称因为真理之间不可能彼此矛盾，既然我已经证明我的观点为真，那么与之冲突的另一断言必然是一种谬误。我需要调整思维，转换一条崭新的思路。我需要弄清楚这个对立观点怎样才不是荒谬的，而是合乎理性的。我不得不探寻错误的根基，看看它怎么会出现于一个严肃的头脑中，怎么能够使我进入到犯下该过错的人的头脑中，按他的思维进行思考，从而与他的信念产生共鸣。尚未做到这一点之前，我就不能说服自己相信我已经真正理解了那个与我缠斗的人。我选择公平地将质疑加诸己身；设想我方的愚钝，假定另一方拥有更深的理解，拥有大量的根据支撑。我从未偏离这一方式，并将矢志不渝，直至生命终点。——现在我认为你将轻易理解我阅读门德尔松论文的评论段落时所处于的思维状态。

他：毫无疑问。你看到了，那个古老的证明仍旧屹立不倒，笛卡尔在一百年前就完善过，莱布尼茨在经过更为严谨的检验之后加以接受，一流思想家仍会胸有成竹地以之为根据。在那样一种情形下，你不妨犹豫一下，是否还要继续依照自己的那些原理行事。

我：我不会再纠缠此事。我开始按照惯例不遗余力地遵循历史

79 线索。正是在这个时候我越来越熟悉斯宾诺莎的著作。在莱布尼茨那里，我读到斯宾诺莎主义是夸大的笛卡尔主义。我知道斯宾诺莎的《笛卡尔哲学原理》(*Principia philosophiae cartesianae*)，我记得在这本书的附录《形而上学思考》中，从概念推出神存在的证明的应用，完全不同于笛卡尔的应用。我没有《遗著》那本书，但是我最终在友人家里的沃尔夫著作中找到了译文版《伦理学》，该文作为序言附在了沃尔夫对它的驳斥前。*正是在这里，我才完全领略到了笛卡尔证明的魅力。我苦心寻觅的一切在刹那之间全找到了。只有一种顾虑打断了我的快乐，即真理不但不会涌向人，似乎还会远离人而去，使最敏捷的思维落在最远处，因为还有什么比以下命题的真理性更为明晰、更为直接与显明呢？

80   存在不是属性，却是承载一切属性的东西。这些属性皆属于存在；它们仅仅只是附加于存在之上；它们是它的变形，它的表达。

      因此，由于万物只能被思维成一种作为基础的现实者，或绝对存在者的性状，所以将它们的可能性设定为第一者，然后论及这一可能性，仿佛它是某种可自在持存的绝对的东西，或至少可被认为是这样持存的东西，就是荒谬的；想从这些性状中推出现实之物，而不是从现实之物中推出性状，则是荒谬至极。

      神的概念由这些性状的表象组成。若要说明存在一位神，则必须说明这些性状处于存在之中(im Sein)。如果神的概念按照斯宾

---

      * 1677 年，斯宾诺莎的《伦理学》(*Ethica*)出版，该书出版后不久就被当时的荷兰当局视为"亵渎的、无神论的学说"，因而禁止发行，同年，斯宾诺莎去世，其挚友出版了他的《遗著》(*Opera Posthuma*)。沃尔夫《自然神学》(*Theologia naturalias*)的第671—722 节中附上了从拉丁文译为德文的斯宾诺莎《伦理学》。——译者

诺莎的方式形成，以至于最高存在者只是现实本身，他的作品只是
这一现实者的诸性状，那么笛卡尔证明就有它的正当性，神的概念 81
同时也是关于神必然存在的坚不可摧的证明。但是如果神的概念
是由自然神论的表象组成，也就是神不仅是最高的存在者，而且是
外在于一切存在者的存在者，那么其概念的内在真理既不能通过概
念本身得到说明，这一概念与必然存在者的联系也不可能被实现，
即使有人想要暂时地彻底颠倒事物的真实秩序，让质料从它的形式
中生成，让现实之物或主词从它的谓词中产生，让事物从它的性状
中产生。

　　他：我发现这一切非常清晰。然而你的说辞，所谓真理非但不
会涌向人，似乎还会远离人而去，在我看来并不准确。我认为真理
不仅会出现在人的面前，而且会将自身强加在人身上。可是如果人 82
不信任真理的训诫，对它背过身去，那么任何声音都无法迫使他聆
听真理。但是真理并没有沉默或是擅离职守。如果他偏离了真理
的轨道，却仍在苦苦寻觅，那么他将循环往复地徘徊，也就是最终
他将发现自己回到原来摒弃真理的地方。但是如果他背离了真理，
却不再继续追寻，那么他就永远失去了真理。——换言之，他要耗
费巨大的心力与工夫，才能使自己不再信任感官或是知性当中感官
表象的自然联结，以及理性从它们之中得出的普遍推论。一旦他钻
入光明表面下的黑暗地底，那么所有的一切都依赖于他碰巧选择的
方向。如果这个方向歪斜到一定角度，那么甚至连最后一缕光亮也
将很快消失在他的眼前，他将永无止境地在地底下挖掘，兜无数个
圈子。但是如果他选择了一个垂直方向，而且他没有自暴自弃，那 83
么最终他将抵达地心。他会明白怎样从内在理解外在，从本质理解

现象。——我说的是我的预感，而不是我自己的经历。

我：因为这一预感，我是多么爱你，这个预感完全和我的一致，待会你就会听到。

让我们继续。

一旦厘清笛卡尔的证明，我就将我关于这一主题的所有思考都放入一篇短小文章中，这篇文章想必还能在我的手稿中找到。我曾经将它展示给一位机敏的友人看，他曾经热忱地向沃尔夫与迈尔（Meier）学习形而上学。想象一下我有多恼火吧：不论是我的论文还是我口头补充的所有解释，都无法动摇他对笛卡尔证明的信仰。同样的经历还发生在另一位有学识之人身上，作为达里（Daries）的学生，他拥有敏锐的哲学思维，住在旁边的一座城市。这两次尝试的失败令我难以释怀，而且我还在想方设法阐明我的观点。就在这时，《论前沿文学的信》的第十八部分吸引了我的注意，其中收录了对康德《证明上帝存在唯一可能的证据》*的评论。尽管谈及康德著作时那种趾高气昂的口吻不值得推荐，但是这并不妨碍我完全沉浸其中。那些摘取的定理与段落给予了足够充分的说明。① 我如

84

---

* 康德《证明上帝存在唯一可能的证据》（*Der einzig mögliche Beweisgrund zu einer Demonstration des Daseins Gottes*）出版于 1763 年，是康德前批判时期有关理性形而上学和理性神学的重要论述。——译者

① 《论前沿文学的信》（*Briefe, die neueste Literatur betreffend*），第 xviii 部分，第 69 页及其后。

"实存并非事物的一个谓词或规定，而是该物的绝对设定。它与其他一切谓词的区别在于，后者作为谓词，往往在一种与其他事物的关系中被设定。——因此实存不可能被视为与某物的一种关系，相反，它是事物本身，是与所有借事物之名指定的属性有关的主体。——因此，人们不应该声称，'上帝是现实存在的事物'，而是相反，'切实存在的事物是上帝'；又或者说，'所有在上帝名下得到理解的属性都将归属于他。'"（第71—73 页）。（接下页）

85

此强烈地渴望获得康德的论文,以至于仅仅为了保险起见,我一口86气跑了两个不同的地方。

我对自己的迫不及待并不懊恼。甚至该书的"第一考察:论一般的实存",就已经向我透露这就是同一位曾以论文《论自明性》[*]使我受益匪浅,且已然盛名于世的人。当我继续往下读的时候,我87是这般地欣喜异常,以至于心狂跳不止。在完成目标,即读完第三考察之前,我不得不中断好几次,以便再度凝聚注意力。

他:你让我想起了马勒伯朗士(Malebranche),当他对笛卡尔的《人论》疑惑不解时,也经历过类似的心悸。丰特奈尔(Fontenelle)恰当地评述道:"人不习惯将那般的虔诚与热情献予隐形且无用的真理,而且想必他们最常激情追逐的对象,给他们带来的满足感往往更少。"①

(接上页)"内在的可能性往往预设了实存。如果没有用以思维的质料、材料,也就不可能存在任何可思维的内在可能性。如果实存被消除了,那么就没有什么可被绝对设定,也没有什么可被给予;手头将没有任何可作为思维对象的质料,因此所有内在的可能性都将被消除。——内在的可能性因而必须预设某种实存,任何内在可能的事物就质料而言(quoad materiam),在该事物的实存中拥有其实存的根据。"(第78—79页)。

"因为一切可能之物皆预设了某种现实之物,正是通过该现实之物才能给予一切思维对象以质料,所以必然存在某种现实性,消除这一现实性也就消除了一切内在的可能性。然而这一现实性是绝对必然的,消除它就抹杀了一切可能性。因此某种绝对必然的东西现实存在。"(第82—83页)。

"一般而言,凡为内在的可能性奠定最终根据的,必然为一切可能性奠定最终根据。因此这一根据无法为不同的实体所分有。"(第83页)。

* 此处雅可比指的是康德获得二等奖的论文《关于自然神学和道德的诸原则的明晰性探究》。——译者

① "L'invisible et inutile verité n'est pas accoutumé a trouver tant de sensibilité parmi les hommes, et les objets les plus ordinaires de leurs passion se tiendroient heureux d'y en trouver autant."《丰特奈尔作品集》,第 V 卷,第 430 页。

　　我：你将我与他相提并论，真是使我受宠若惊。我的快乐过于牵涉个人的关切。然而我还是可以向你举出一个某种程度上更有利于我的例子，就那本内容与我的关切发生可笑冲突的书而言，我发现自己处于类似的境地。那本书就是《理性学说》（*Vernunftlehre*），莱马鲁斯（Reimarus）的理性学说。

　　他：所以你的反应仅仅因为那本书吗？

　　我：只可能从这儿来了。当然我自己也脱不了干系。我已经浏89 览并研习了最好的理性学说，甚至我自己也构建了一个学说。然而就发展过程，以及按照这个过程一个概念规定另一个概念而言，任何学说，即使是我创建的那个学说，都没有做到像莱马鲁斯的学说那样与我个人的感知与思维方式圆融一致。①

90　　他：你是指，你在镜子里看见了一个美化的自己……

91　　我：抑或是使我意识到了我注视着的影像正是镜中的我？如果
92

---

　　① 在过去的岁月里我被谦逊的学者告诫过多次，切莫蛮横妄为，要谨记逻辑的第一原则。（涉及谦卑与专横，请参见《反高兹》（*Anti-Götze*），Ⅳ，第 14 页）。我将以身作则，通过在此插入杰出的莱马鲁斯的《理性学说》的导论中的几段话来回应这一人道之举。重复灌输这一点只会使人受益良多。

　　"#21　因为经验告诉我们，我们关于每个事物的表象并不足够清晰确切，并不足以让我们洞见它们的一致性或矛盾之处，这便说明我们的理性具有限度。任何事物，若90 我们对其具有比较所需的清晰性和确切性，便处在理性的限度内，并且能够站在它的审判席前。但是当我们不具备比较所需的清晰性和确切性时，这一问题就处于我们理性的限度之外。我们对其缺乏正确的概念，无法对其进行判断。"

　　"#25　理性的正确运用依赖于所需的清晰性与确切性的限度，而理性的错误运用是将同一律与矛盾律应用在了超出所需的清晰性与确切性的限度的情况中。"

　　"因此，只要我们在不具有充分的清晰性与确切性的情况下，依据第一规则将某物视91 为必然的；依据第二规则将某物视为非可能的；依据第三规则将某物视为可能的；依据第四规则将某物视为确切的；依据第五规则将某物视为或然的，我们就误用了理性。但是正如理性的正确运用将导向真理，理性的错误运用则将导向一切谬误之源。"（接下页）

可以的话，尽可以相信你自己的判断，现在请听我回应你关于因果的问题。

从我刚刚向你描述的我的哲学思维方式中，当我只想形象化地讲述与你听的时候，你很容易发觉没有什么比一日千里更糟糕了。我需要花费数周，而其他人只需要数小时；我需要数月，他们就只要数日；我需要数年，他们就只需要数月。然而进度缓慢有其优势，任何一点进步都是真正的进步，而且当准备止步时，发现自己迷失了方向也不会感到沮丧，沿路折返时，再迷失十次二十次亦不会一蹶不振。可另一方面也存在缺陷。因为每经过一个艰难地段都驻足停留，直至那些关键的指路牌出现，这着实苦不堪言。

我抵达了那样一个节点，在基于从混乱表象向清晰表象的发展的可能性上，理解现实之物在时间中生成的可能性，并且我还应该从构成（compositionis）原则推出生成（generationis）原则。如果我正确理解了根据律[*]——诚如我书中所言——那么我必然也能够看清原因与结果在时间中的必然联结，或现实的相继之物的起源。

根据律很容易得到解释与证明。它无非讲述的是亚里士多德 94

（接上页）"#26 但是没有人能够在缺乏或违背理性规则的情况下有意识地思维事物。然而，因为一切谬误皆归之于我们在缺乏或违背理性规则的情况下思维事物，所以一切谬误必然归之于我们因缺乏洞见所需的清晰性和确切性而导致的无知，亦即对我们理性限度的无知。"

"对我们理性限度的这种无知一定程度上来源于理性自身的限度，因为这不是我们恶意为之，也就是说，洞见所需的要求更多。但是某种程度上意志因为强烈的喜恶匆忙设定知性，也会导致一种对缺乏必要洞见的无知。因为当我们过于渴望学习，或是怀有 92 偏见，支持某个事物为真或为假，我们可能无法知道我们是否拥有关于它的必备知识。"

J.A.H. 莱马鲁斯，《理性学说》（第 3 版，汉堡，1766 年），第 15 页、第 20—21 页。

* 根据律（der Satz des Grundes），即充足理由律（der Saiz vom zureichenden Grunde）。——译者

的"整体必然先于部分"（totum parte prius esse necesse est）。而反过来那句话在如今的语境下无非讲述的是"相同就是相同"（idem est idem）。

　　三条线围住的空间就是三角形三个角的根据，是它的存在原则（principium essendi）、构成原则。可三角形不会先于三个角存在；相反，它们是在同一个不可分割的时刻同时存在的。这就是为什么我们无处不在知觉到根据与后果的联结；我们只能意识到一个表象之中的杂多。但是由于这是相继发生的，并且持续了一段时间，我们便混淆了这种概念的生成与事物自身的生成，于是我们就开始相信通过概念的规定在表象中的必然联结，我们可以像诠释它们的理想序列那样诠释事物的现实序列。——我不知道我表述得是否足够清楚。

　　他：我想我已经明白了。

　　我：可你不必相信。保持头脑清醒，绝不轻信友人。我会尝试着让表述更加清晰。

　　想象一个圆，并请你形成一个清晰的概念。如果这一概念得到了确切的规定，并且不包含任何非本质的东西，那么被表象的整体将拥有一个理想的绝对统一性，而且所有部分必然地相互联结在一起，产生自这个统一性。但是现在，如果我们谈论的是相继之物的必然联结，并且认为我们因此表象了在时间中联结的事物本身，那么我们的思想实际上从未拥有任何真的东西，除了那种在圆中得来的关系。在这一关系中诸部分其实已经统一为一个整体，并且同时存在。我们忽略前后相继、客观生成——仿佛它通过自身便已澄清它是如何感性地呈现在我们眼前的。可实际上，恰恰是事件的中

介,发生的根据,时间的内在要素,简而言之,生成原则,才真正应
该得到解释。——现在你还确定你已经理解我了?

他:我复述一下你的主要原理,你自己判定我理解与否。

从三角形这一概念,推出位于其中的三个角的概念。根据概
念,或者说主观而言,三角形在时间上也确实先于三个角度。但是
在本性上,或者说客观而言,三角形和三个角度却是同时的。因此
在理性概念中,原因与结果在任何情况下都是同时的,彼此内在的。97
这一理性概念取自谓词之于主词或部分之于整体的关系。它根本
不包含客观的或外在于概念的产生或生成。

我:非常好。——但是这难道不会迫使我们将本性上同时的一
切,以及我们所谓的前后相继,仅仅视为一种单纯的幻象?

他:你已经在你致门德尔松的第一封信中提出过这一自相矛盾
的命题了①。但是对我来说这并不属于斯宾诺莎,你也不是在严肃意 98
义上接受它的。

我:这个显然矛盾的命题并不属于斯宾诺莎,至于对我来说,
我只是将其视作一种单纯的结果。在过去的十五年或者更久,我一
直在许多哲学家面前为它辩护;最终他们当中没有一个人能将我驳
倒。而毫无疑问,门德尔松第一个承认它并无弊端。

他:如果我没有弄错的话,他仅仅挑了你一处错误,就是你写

---

① "实际上我们称之为后果或者持续性的东西只是单纯的妄想;因为真实的后果
与其全部真实的原因是同时的,并且仅仅按照表象才与后者有区别:这样后果与持续性
实际上必然只是某种直观无限的杂多的形式和方式。"《论斯宾诺莎的学说——致门德
尔松先生的书信》(初版)第17页(* 即雅可比:《论斯宾诺莎的学说——致门德尔松先
生的书信》,商务印书馆2022年版,第23页。——译者)

的是"妄想"，而不是"现象"。

99　　　我：可不就是。[1] 但我始终没弄明白为什么一个没有包含任何客观之物的现象，却将自身展现为一种客观之物，为何这种空洞的现象不应该被称为"妄想"。它的客观范本之为客观，其实是一种真正的幻觉，并非一种现象。

　　　他：我不明白序列的客观现象怎么会是直观无限之物中的杂多的单纯的主观方式。如果你将方才削了皮的苹果切开，我们就能看见里面的种子。如果你明年春天将其中一粒种子埋在土里，那么数
100　月后就会抽出芽来。现在，我想知道现实世界的这一现象序列是如何被构想为直观无限之物中的杂多的一种方式。当然，我在事物中知觉到的客观序列，完全不同于在我之中的知觉行为的前后相继。除了这一点显而易见的差异之外，究竟是什么使思维中的相继之物比其他现象中的相继之物更容易理解一点？我们不应通过官能，通过它们服从的渐变运动，从而通过外在于思维力量的某物，来解释思维中的相继之物吗？如果对象都是同时的，也就是如果它们始终以不变的关系同时出现在思维存在者的面前，那么它们必然也将构成他心中一个不变的表象。

101　　　我：你这是向我作出让步了。因此，不可理解的是相继之物本身。充足理由律远远没有澄清这一点，还怂恿我们否定一切前后相继的现实性。如果无法借助生成原则获取其他任何东西，正如

---

　　① 在"便函"中，门德尔松写道："您对后果和持续性的论述我是完全赞同的，除了我不想说它们仅仅是幻想之外。它们是有限思维的必然规定，因此必然是与单纯幻想相区别的现象。"《论斯宾诺莎的学说——致门德尔松先生的书信》第二版，第 84 页。（* 又可见雅可比：《论斯宾诺莎的学说——致门德尔松先生的书信》，商务印书馆 2022 版，第 131 页。——译者）

无法借助构成原则获取一样，那么就必须认为任何结果皆与其原因客观地同时存在。而且，如果这个结果又成为一个原因，那么它导致的直接结果必然再次与之同时存在，以此类推以至于无穷（ad infinitum）。所以我们以这种方式绝对无法获得一个能够向我们解释序列的、时间的或流变的现象的概念。因为试图在原因 A 与结果 B 之间掺入某种存在与非存在的中间物，在我看来无异于让谬误（Unsinn）充当知性的工具。

他：你把我搞得更云里雾里了，而不是帮助我摆脱困惑。因为如果因果概念与相继之物的表象是完全不同的两个事物，那么前者 102 无法通过后者发展出来，正如后者无法借助前者加以澄清。但是通过这种方式，我发现作为产生原则（principium fiendi）或生成原则的原因与结果的概念完全消失在我的眼前，于是我别无选择，只能对这些词怎么会混入语言之中产生疑惑。

我：它们当然无法进入到那些只会直观与判断的存在者的语言之中。可难道我们不正是那种存在者吗？毫无疑问，我亲爱的伙伴，我们还可以行动！

每当我们开始寻找语词的最初意义，我们往往就会发现揭示概念的线索开始变得极其隐晦。早在哲学家探讨之前，在某些哲学 103 家最终得以颠倒语言的用法之前，不被思辨所累的人就已经开口说话了。这些哲学家希望事物遵循语言，正如之前语言不得不遵循事物那样。然而目前这种情况我们甚至还有一条更短的捷径来应答。我们可以追溯至概念本身的源始性状，而无需诉诸语词的历史渊源，因为对此我们已经掌握了清晰明确的信息。譬如我们知道，远古居民或当代未开化的民族，没有也不曾拥有那些更有教化的群体先前和将来所拥有的因果概念。他们看见有生命的存在者遍布大地，他们对非自我规定的力量一无所知。对他们来说，每一个原因都是一种有活力的、启示自身的、人格性的力量；每一个结果都是一次行为（*Tat*）。而且这样一种力量始终为我们所意识，被我们以诸多任意的方式采用，甚至未遭削弱就被我们抛却。若没有切实体

104　验到我们心中的这种力量，没有这一基本体验，我们将无法获得关于因果一丝一毫的表象。

他：但我可以认为你没有忘记休谟关于这一基本经验的讨论。

我：我没有忘记，正如我没有忘记在致门德尔松与海姆斯特乌斯的信中确立的证明，其中指出思维能力终归只是旁观者，永远也无法成为外在行动的发起者。

他：是啊，但是你在信中的言论，与休谟的言论并不是一回事。让我们围绕休谟来谈。

我：好吧，那休谟怎么说的？

105　他：主要观点就是：我们仅仅是通过经验，因此仅仅是在行为之后，才得知我们肢体的这一个或那一个动作是跟随着这一个或那一个表象，或跟随着这两个紧密联系的表象之后发生的。我们不会妄图通过我们运用意志，或改变心跳的缓急，或改变面色，也不会想要通过这样的行为改变风向或重塑山峦。我们甚至无法尝试运用我们所谓的意志之力，因为我们甚至不知道这种力要到何处去寻，或一旦发现踪影我们将从何处获取。有谁想要挑战韦斯特里（Vestris）*那样的人才能跳的舞，尽可以去挑战。即使意志掌控了行

---

　　*　韦斯特里家族是18—19世纪著名的法国舞蹈世家。——译者

为，我们仍旧不知道它是如何夺得这一掌控权的；如果我们尝试回 106
归到行动，那么一步步地，我们将陷入最深的晦暗之中。因为没有
人可以说，凭借意志，比方说直接使手或足移动。意志必然先调动
了肌肉和神经，连同大量的固体成分或液体成分；至少它做这件事
时并不知道自己在做什么。——在我们思虑过这类事情之后，我们
很容易就可以罗列举证或扩充清单，我们如何还能宣称对导致行动
的力有所意识，并从中获取关于原因的知识？①

我：休谟也不能说你错了。你用二三句就说出了他对你异议的
核心。但是这些异议几乎没有危及我的断言。你也知道，休谟自己
在同一篇文章中承认，我们仅仅从我们对自身能力的感觉中，具体 107
而言从我们对它用于克服抗阻的感觉中，获得关于力的表象。②因
此，他承认我们拥有一种关于力的感觉，并知觉到其应用的结果。
但是他并不认为这是一次关于因果的完整体验，因为我们对这种力
如何带来这一结果并无感觉。他的质疑符合观念论者的方式，并且
与之紧密相关。当然我可以用同样的方式质疑是我，通过在我之中
向我显现为一种力的东西，在伸手、移步，追随我们目前对话的线
索，从我这端进行把控，因为我将某种东西视为原因，却不可能洞
见那种东西的本性，或它与结果的关系。我可以对之提出质疑，正 108
如我可以对我感知到有东西自在地外在于我提出质疑一样。如果
你内心会被这样一种质疑困扰，那么我对你无话可说。但是我相信
你的信仰将像我的信仰一样，很轻易地将其碾碎。

你之前提到，斯宾诺莎关于这一点的理论确实与休谟的怀疑主

---

① 《人类理智研究》，第 VIII 节。
② 《人类理智研究》，第 VIII 节，第 99 页，注释 C。

义大相径庭，你对此的看法完全正确。因为虽然据斯宾诺莎所言，尽管表象始终只是伴随着行动，但两者彼此相互内在；它们不可分割地结合在同一个不可分割的存在者与意识之中。显然，意志并不先于行动，不是它的作用因。但是行动亦不先于意志，亦不是它的作用因。相反，同一个体的意愿与行动是同时的，存在于同一个不可分割的瞬间。他依照其个人本性的性状，且遵循这一本性的需求与关系来付诸意愿与行动，而且他将这一切或模糊、或清晰地呈现在他的意识中。不管一个个体在多大程度上被外界规定，他仍然只能被自身本性的法则规定，且在这一程度上规定他自身。他必然是完全自为的，不然他也不可能是为他者存在的某物，并且接受这样或那样的偶然规定。他必然能够凭借自身发挥作用，因为不然没有任何效果能通过他产生或持存，同样也不可能在他之中显现。最后这一点同样被所有体系接纳，但观念论的体系除外。

　　他：你勇敢地宣告自己无罪，那我也就不得不申请和解。令人震惊的是，我们的意识如何全然地展现在活动与受动、作用与反作用那相互牵连的时刻之中，这些时刻预设了一个实在的、在自身中被规定的且自主活动的原则。因此因果概念必然依赖于一个事实，这一事实的有效性不会被否定，如果人们不愿陷入观念论的虚空中的话。——同样，这并不意味着因果概念绝对属于一般事物的可能性的概念。如果你是从经验中得到它的，那么你当然就不得不放弃它的绝对普遍性或必然性了。

　　我：这取决于你如何理解一个概念的绝对必然性。如果一个概念的客体，作为一种绝对普遍的谓词，赋予给一切个别事物，以至于这一谓词的表象为一切赋有理性的有限存在者所共有，而且必然

为他们的每个经验奠定基础。如果这足以使你称概念为必然，那么 111
我相信我已经向你说明，因果概念是一个必然的概念。

他：如果你能够……！

我：让我们姑且一试。

你知道——我们对此已经达成共识——对于人的意识而言（请
允许我即刻附带一句：对于任意一个有限存在者的意识而言），除
了感知着的事物必然存在之外，被感知的现实事物也必然存在。我
们必须将自身与某物相区分。因此，两种现实事物彼此外在，或"二
元对立"（Dualität）。

哪里这两种彼此外在的造物处于这样一种彼此相对的关系中，
哪里就有一个具有广延的存在者。

因此和人类以及任意一个有限本性的意识一同被假定的，还有
一种具有广延的存在者——不单单是理念上的，而且是现实中的。

由此必然可以推出，哪里有彼此外在的事物相互作用，哪里也 112
就必然现实地存在一个具有广延的存在者；以及，对一个具有广延
的存在者的表象必然以这种方式为一切有限的、可感知的本性所共
有，是一个客观真实的表象。

你同意我这四条命题吗？

他：完完全全，欣然接受。

我：那我们就继续了。

我们感觉我们本质中的杂多结合成了一个纯粹的统一体，我们
称这个统一体为"我"。

存在者中的不可分割的东西规定了它的个体性，也就是说，这 113
种不可分割的东西使得存在者成为一个现实的整体；所有那些存在

者，其杂多不可分割地结合成了一个统一体，并且我们只能根据这一统一体来辨别那些存在者——我们将那些存在者（无论我们现在是否认为它们的统一性的原则具有意识）称为个体。一切有机的本性皆划归于这一类。因此我们无法切割或分离一棵树或植物；也就是说，我们无法切割或分离它们有机的本质、它们特殊的杂多性或统一体的原则。

　　人类的艺术无法创造个体，或任何现实的整体，因为它只能组合事物，由此可见整体来源于部分，而非部分来源于整体。而且，它创造的统一性仅仅是理想中的统一性。它并不在被创造的事物之内，而是在它之外，在这个艺术家的目的和概念之中。这类事物的灵魂是他者的灵魂。①

114

----

　　① "所有我们称之为'官能'的东西都是一个整体，它要么受到我们的改造，要么由诸部分整合而来，以求符合一个特定的意图，一个设定的目的，这种目的不是一个整体，而是该整体的作用或效果。卷宗是为了归档；钟表是为了计时；诗歌是为了抒情或说理。因此人的每一个行为，有限存在者的每一个行为，都旨在产生某种特定的效果——而非一个实体。在动植物的机制中，人们略微窥探到了繁衍后代与个体成长的方式。他相信他已经发掘出这些方式与其自身的劳动成果的类似性，因而将这些方式称为'官能'——从某种意义上说，这的确无可厚非。然而仍旧存在一个不容忽视的差异，即人创造的是一个只关乎某种特定效果的东西，而自然创造的是事物本身——为的是它的存在，不关乎效果。当你通过抽象，剥夺钟表计时的功能，钟表便不再是一个整体，而变成一堆杂乱散碎的零件，然而不论你抽离出多少棵树可能外在产生的效果，树永远是树。自然创造实体为的是实体本身；人则仅仅是为了调整效果。"海姆斯特乌斯：《阿瑞斯泰俄斯或论神性》（*Aristée ou la divinité*），第 56 页。(* 此处雅可比引用了法语。——译者)

115

　　莱布尼茨在许多地方都作出过完全相同的描述。我插入下述段落，主要是为了引入之后对话录中将谈到的主题。

　　"照我看来，你提到的钟表的统一性，与动物的统一性完全不同。后者可以成为被赋予了真正统一性的实体，譬如我们所谓的心中的'我'，而钟表只不过是一种聚合。"《莱布尼茨哲学作品集》，第 II 卷，第 I 部分，第 68 页。(接下页)

在一般物体的广延中，我们大体知觉到某种类似个体性的东 115
西，因为这样一种有广延的存在者不可能被如此切分，反而随处可
见同一种统一性在自身中不可分割地联结了多数性。

如果，除了使自身在存在中持存的内在活动，个体也具有一种 117
向外作用的能力，那么，为了产生效果，它们必须与他者进行直接
或间接的接触。

绝对可穿透的存在者是一个荒谬之物（Unding）。

相对可穿透的存在者，就其可被另一个存在者穿透而言，既无
法触碰这一存在者，也无法被这一存在者触碰。

接触时不可穿透的直接结果，我们称之为"抗阻"（Widerstand）。

因此哪里有接触，那里就有相互的不可穿透性；因此也就有抗
阻——作用与反作用。

空间中的抗阻，作用与反作用，是相继之物与时间，即相继之
物的表象的根源。

因此哪里有相互协同在一起的个别的、启示自身的存在者，哪 118
里就必然存在广延、因果和相继的概念。因此它们的概念必然对一
切思想着的有限存在者是必然的概念。这是我已经证明了的。——
如果你不满意我的演绎，请告诉我你的根据。

（接上页）"通过灵魂或形式，根据我们所谓的心中的'我'，确实存在一种真正的 116
统一性。这种情况既不会出现在呆板的艺术作品中，也不会出现在单纯的物质堆积中，
不论后者多么浑然一体。我们只能将这些东西设想为一个军队或一个兽群，或一个由
弹簧齿轮组装而成的钟表。"出处同前，第Ⅱ卷，第Ⅰ部分。

"一个真正的实体，譬如动物，乃是由无形的灵魂与有机的肉体一同构成；这二者
的结合体，才被我们称为一本身（Unum per se）"出处同前，第Ⅱ卷，第Ⅰ部分，第215页。

（＊上面三处雅可比均引用了法语。——译者）

他：对于你的演绎，我没有什么异议。因为哪里诸多个别事物联结在一起，哪里必然就存在作用与反作用，也就存在诸规定的前后相继，否则，不可能存在诸多个别的事物，而只会存在一个个别的事物。反言之，如果只有一个个别的事物，就不可能有作用与反作用，或任何诸规定的前后相继。

119　　我：是啊！我们似乎已经说明实在性、实体或个体性、物体的广延、前后相继以及原因与结果这些概念，必然是为一切有限的、启示自身的存在者共有的概念；我们也已经澄清这些概念在自在之物中拥有独立于它们概念的对象——因而它们拥有真正客观的意义。

然而这种概念——这种必须作为那样一种优先者完整地被赋予给每一个经验的概念，除非它们是客观的，不然概念不可能拥有对象，而且没有它们作为概念，将不可能存在任何知识——在历史上，这些概念总是在一种绝对的意义上被称为普遍和必然的；从中得出的判断与推论则被称作先天认识。

120　　我们不必将这些基本概念和判断转变为知性单纯的偏见，从而使它们独立于经验。因为那样的话它们将变为那种，我们必须通过认识到它们并不涉及任何归于自在对象的东西，因此并不具有任何真正客观的意义，才能摆脱的偏见。我想说，我们无需如此，因为基础概念和判断并不会丧失任何普遍性或必然性，若是它们来源于那些必然作为一切经验的共同根基的东西。相反，如果它们能从一般的个别事物的本质与联合中得出，那么它们就获得了一种更高程度的无条件的普遍性。作为人类知性的单纯偏见，它们仅仅对于适用于人的以及人所特有的感性而言是有效的；亦即按照我的判断，它们只有在其所有的价值都被剥夺的情况下才会是有效的。①

他：关于这一点我发自肺腑地赞同。如果感官没有告知我们事 121
物任何的性状，它们的相互关系与联系，甚至它们（在先验的意义上）
现实地存在于我们之外这一事实；如果，我们的知性只与这种未能
展现事物本身、客观上完全空洞的感性相关——仅仅依照完全主观
的形式，依照完全主观的规则提供了一种完全主观的直观。假设这
一切，然后再告诉我这一感性与知性能够提供给我一种什么样的生
活。归根结底，除了像牡蛎一样的生活外，提供给我的还会是什么
呢？我是一切，严格意义上无物外在于我。然而"我"，我的一切，
最终也不过是某种空洞的幻觉。它是形式的形式，与我称之为事
物的其他现象一样相当于幽灵，犹如整个自然及其秩序与法则的幽
灵。这一体系被激情洋溢的合唱之声大肆渲染，仿佛它是期待已久 122
的救世主！这一体系捣毁了根源，扼杀了我们对真理知识的一切诉
求，留予我们的只是对最重要的诸对象的盲目信仰——这一信仰完
全摆脱了认知，直到现在人们对像它这样的东西都没有任何要求。
以这种方式平息一切质疑而获得的荣耀，和死亡终结我们生命中所

---

① 斯宾诺莎的《伦理学》(*Ethik*)向我提供了这一演绎（抑或说它的基本理
念）。（参见《遗著》(*Opera Posthuma*)，第74—81页）。我在此摆出这一点，是为了
反驳康德从纯粹知性推导出同样一些概念与判断的范畴演绎。这一知性向自然提供
的仅仅只是一些已然单纯植根于知性的思维机制。它玩弄的仅是概念游戏，这无论
如何都不可能满足常人的知性，相反会使其遭受嘲讽（正如我们在休谟那里看见的情
况）。参照舒尔茨的《一般逻辑的原则》(*Grundsätze der allgemeinen Logik*)、《哥廷
根博览》(*Gottingsche gelehrte Anzeigen*)中关于舒尔茨作品的评论，以及莱茵·霍尔
德的《为纠正以往对哲学家的误解作出贡献》(*Beiträge zur Berichtigung bisheriger
Missvertändnisse der philosophen*)第Ⅲ册中《试论将理性贬斥为知性》(*Über das
Unternehmen des Kriticismus, die Vernunft zu Verstande zu bringen...*)一文。（* 此为雅
可比在1815年版中附加的注释。——译者）

有苦痛而获得的荣耀没有分别。

　　我：别说得那么糟糕！你谴责的体系，如果按照你理解的方式传授，将不会有任何信徒。

　　他：你能说我理解得不对吗？我对它的理解很大程度上要归功于你。

123　　我：好吧。可正因为你像我相信的那样，已经正确地理解了先验观念论，所以你现在应该冷静地看着它的发展，并为纯粹理性批判必然带来的一切好处感到欢欣鼓舞。

　　他：对不存在的某物（das nicht ist）的批判！

　　我：这样的事物才最应该受到批判。如果它完全不存在（gar nichts），那语言中就不会有对应的词汇。任意一个词都指向一个概念；任意一个概念都指向知觉，也就是指向现实事物及它们的关系。最纯粹的概念，或者像哈曼（Hamann）在某处说的，这些思辨以处女之身所生之子（Jungfernkinder）也不例外。必须承认它们拥有一个父亲，正如它们拥有一个母亲，而且必须承认它们和个别事物的概念及其固有名称（Nomina propria）一样，以自然的方式获得实存。

124　　他：所以如果你真的能向我呈现我们所拥有的纯粹理性，那我想要它在我面前出现一次。

　　我：有何不可，何况你自己就是理性的存在者？只需完全清空你关于一切事实、一切现实的客观之物的意识。那时候你将与纯粹理性单独相处，无需亲眼目睹它所有的隐秘，便可向它发问。

　　他：但是你同样可以对我的狗提出上述要求。这动物并非没有意识的联结，因此也就不会缺乏意识联结的原始能力。因为存在于这一能力的运用中的任何差别，都归因于狗的器官机制，因为这里仅涉及纯粹理性，所以不用多考虑。这么说来，居于狗体内的纯粹 125 理性，跟居于我体内的一样。

我：不能这么轻而易举地得出这个结论吧。但是我姑且接受你说的，也不会有什么损失。① ——回想一下我在寄给门德尔松的最后一封信中摘出的莱布尼茨的那段话。读一读舒尔茨对理性概念的分析。或者更好的方式是，进入自身，深度挖掘——深入地挖下去——找寻我们称之为理性的东西。你会发现，你要么将理性的原则视为某种与生命原则相等同的东西，要么不得不使理性变成某种组织的单纯偶性（Accidens）。至于我，我主张理性原则是某种与生命原则

---

① 我不想在类似这样重要的问题上遭人误解，哪怕是一刻都不想，因此我现在提前想出了一个观点，它将在对话的剩余部分得到充分清晰的深化，这个观点就是：绝对纯粹的理性预设了一个绝对纯粹的人格性，譬如仅仅只属于上帝，而不属于任何受造物。但非绝对的纯粹理性是一种虚构，或者是一种单纯的抽象。这里不存在什么相似程度，因为差异是绝对的和对立的，就像有限与无限、复合物与单纯物、造物主与受造物之间的差异那样。受造物皆是复合而成的，彼此之间相互依存。

"上帝则不然，"莱布尼茨说道，"因为他是自在自足的（sufficiens sibi），是质料乃 126 至其余一切的原因。所以他不是世界的灵魂（anima）"，不像有机身体之中的那个"我"，"而是缔造者。因为受造物自然会具有质料，不然它们将会是另外一番模样，除非上帝借神迹赠与物质这件礼物……虽然上帝凭借他自身的力量将次级质料从实体之中剥夺，但他无法将初级质料从它之中剥夺，因为那样的话他将创造出某种完全纯粹的东西，而唯有他才是完全纯粹的。"（《莱布尼茨哲学作品集》，第 II 卷，第 I 部分，第 275 和 276 页），亦可查阅本书，第 44 页。（* 此外雅可比引用了拉丁文。——译者）

某种程度上这也符合康德从思维与直观的必然性出发的做法。他所谓直观的先天形式与莱布尼茨所谓被动的初级质料（materia prima passiva）存在着惊人的相似，他所谓思维的先天形式或概念的自发性与莱布尼茨所谓主动的初级质料（materia prima activa）亦是如此。感觉自身，或现实的现象，都要次级质料（materia secunda）——当 127 涉及这一点，尤其要查阅莱布尼茨致德斯·博塞斯（Des Bosses）的信。（《莱布尼茨哲学作品集》，第 II 卷，第 I 部分，第 265—323 页。）

相等同的东西；我不相信任何内在的或绝对的非理性。^① 我们认为

---

① "生命是知觉之本。""知觉只不过是关于外在变化的内在表象。那么，由于原
128 初的隐德莱希（Entelechiae）散布于物质之中（正如显而易见的事实，运动法则散布于它
之中）便可推出灵魂亦无处不在地散布于物质之中，运行于官能形式之中（pro organis
operantes）；而且，动物的身体里也被倾注了有机的灵魂。""感觉是包含某种确切之物
且与注意力与记忆相关的知觉。细微的知觉缺乏某种可刺激注意力的亮点，它们混杂
堆叠，反而将导致一种恍惚状态。这并不是说即使当时灵魂或它的感知力停止运作，也
是徒然，因为大量事物能够及时地重新演变，使自身适应于知觉。当更为清晰的知觉出
现，身体状态也变得更加完善与有序，这种恍惚就会消失。"（《莱布尼茨哲学作品集》，
第 227、232 页）

"人们认为大体上混乱的观念有异于清晰的观念，然而事实上它们仅仅是因为自身
129 的多样性才变得更不清晰，更不充分。结果，某种可被称为非自发的活动被如此彻底
地归于身体，以至于人们认为灵魂中不存在任何东西与之对应，反过来说，身体根本没
有体现出某种抽象的思想。但是这两种看法都同样荒谬，正如涉及这种区分时常常会
出现这种情况。究其原因是人只关注那些最显而易见的东西。"（《莱布尼茨哲学作品
集》，第 II 卷，第 I 部分，第 87 页）

"自然无处不在地有机统一，且由最智慧的造物主设立特定的目的。其中的一切都
不能被视为粗粝，尽管在我们看来，它有时似乎仅仅只是一团乱麻而已。这样我们便回
避了所有由完全剥离了一切物质的灵魂的本性导致的困境：(a)降生之前或死亡之后的
灵魂和动物，依据它们与事物的关系，它们的完善程度，通常不是依据它们的整个存在，
而与生活在当下生命的灵魂或动物相区分。这同样适用于那些守护之灵。我认为它们
仅仅是被赋予了身体的思维，身体极其敏锐，且倾向于发起行动，或许思维可以随心所
130 欲地改变行动，因此它们甚至不配被称作动物。那么，自然中的所有事物都是相似的；
通过粗糙之物，细微之物便很容易理解，因为这二者以相同的形式构成。只有上帝是真
正剥离了物质的实体。因为他是纯粹的行动，没有任何构成随处可见的物质的消极之
力。实际上，每个受造的实体都具有原型，凭借这一原型，彼此自然而然地就会相互外
在，穿透因此也就没有可能。"（《莱布尼茨哲学作品集》，第 II 卷，第 I 部分，第 228 页）

上述的(a)提到了以下这一观点："在莱布尼茨与克里斯蒂安·沃尔夫的体系中，
用这一点来反驳灵魂不朽还是有几分道理，即灵魂是根据自身的有机身体的处境来表
象这一世界的实体。剥离作为被表象的世界的形象的身体，你也就剥离了表象。可没
有表象，也就没有精神性，没有不朽。但是谁会不明白，这一反驳很容易被推翻，只要
和莱布尼茨一起宣称'无限精神从来都不能没有肉体'？"（《莱布尼茨哲学作品集》第
II 卷，第 I 部分，）

"如果我是正确的话，那么事实上，在人类的还有动物的精子中存在无数有知觉的
灵魂，然而只有那些有机体注定要在某个时期成为人的灵魂才拥有理性，尽管（接下页）

一个人比其他人拥有更高程度的理性，确切地说，由于他显示出了 128
更高程度的表象能力。但是这一表象能力只能通过反作用力显现自 129
身；它依据的正是从对象那里接受几乎完整的印象的能力；又或者， 130
人类的自发性正如他的接受性。就这一点上，让我再次向你引述舒 131
尔茨对理性概念的出色剖析。

他：我知道这篇文章，我还记得其中舒尔茨主张理性的限度依
赖于品味的限度，并认为其真正的根据存在于由表象的清晰性引起 132
的注意力中。但是表象的这一清晰性，作为引起注意力的原因，必
然具有关于其原因的完满印象。这切实意味着理性，作为人区别于
动物的明显特征，仅仅只是人类特殊感性的特征。

我：舒尔茨也明确地阐述过这一点。可自亚里士多德时代以
来，哪种哲学的原理不会导致同样结果？哪里会有一种哲学，不将
它作为教义同样以这种或那种形式加以阐述，不根据这一教义树立
其最受追捧的假说？然而那时，我们往往让这一源自感性的理性，
匪夷所思地孕育了一个非凡的青年，而这个青年要以他自身独特的
天赋与能力带领我们超越感觉的领域。我希望我没有亵渎任何你
同样尊崇的东西。

他：这你大可放心。你想必已经注意到，每当我想要述说什么 133
是人最不同凡响的地方，我就会提起人的感官。人绝不会拥有比感

（接上页）还是潜在的；而且足够睿智的人应该已经洞见到了这一点。"（《莱布尼茨哲学
作品集》第 II 卷，第 I 部分，第 288 页）

还有一个脚注写道："因此我宣布，如果自事物起源阶段，那些灵魂就毫无疑问地
潜在于繁殖的微小生物中，那么它们就不可能拥有理性，因为它们注定无法通过概念获
得人类的生命。"（《莱布尼茨哲学作品集》，第 II 卷，第 I 部分，第 229 页）。（＊上述雅
可比均引用了拉丁文。——译者）

官更多的知性。

我：语言的一般用法，在哲学想要予以嘲讽的时候，总会表明自己才是更智慧的那一个，尤其是在我们所使用的、被莱布尼茨称为"没有任何不合时宜之事"（ignorat inepta）的德语语言中。我们从 Sinn（感官）中获得知性与非知性最典型的形式。Unsinn（"谬误"），作为知性的极度匮乏，则是它的对立面。于是还有 Schwachsinn（"感觉迟钝"），Stumpfsinn（"麻木不仁"），Leichtsinn（"鲁莽"），及其反面 Scharfsinn（"敏感"）和 Tiefsinn（"沉思"）。

134　他：你遗漏了 *Wahnsinn*（"疯癫"），这个词的意义在此刻深深触动了我。

当有人将自己的想象视作感觉或现实事物，那我们就说这个人疯疯癫癫的（Wahnsinnig）。因此我们否认他是理性的，因为被他当作事物的表象，并不足以称为事物或感性事实；因为被他视作现实的某物并不是现实的。这就意味着，一切被造物的理性知识都必须经受其感性知识的检验；前者的有效性要从后者汲取。

我：在我看来，任何对此存疑的人，只需思考一下自己的梦。每当我们做梦，我们就处于某种疯癫的状态中。一切知识的原则、一切感知事实的原则、每一个正确联结的原则以及对现实之物的知觉，都离我们而去，而且一旦它抛弃我们，或不再主宰我们，我们

135　就能让事物（亦即出现在梦中被我们认作事物的表象）以最癫狂的方式谱写乐章。因为我们无法客观地说明事物，除非根据它们向我们显现的秩序的客观规定，而它们显现在我们梦中的客观秩序，主要是按照单纯主观的规定。然而由于我们通常将向我们显现为客观的东西视作现实的——又或者，我们相信我们看见的，而且别无

选择——我们注定要相信梦境中最荒谬的事情，因为在这里，现实的实存并不排斥单纯的表象之物的共存（*Zugleichdasein*）。理性随时随地按照现象决定自身；它追随妄想，正如它追随真理；它与灵魂一起做梦，与肉体一起苏醒。

他：但当我们清醒时，又是从哪里获得我们不在梦中的确定性呢？如何将清醒确凿无疑地从睡梦中区分出来，并且将睡梦从清醒中区分出来？

我：无法从睡梦中甄别出清醒，但是很容易从清醒中辨认出 136
睡梦。

他：你玩这个文字游戏想说明什么？

我：你还记得作任何区分至少需要两个必不可少的条件吧。

他：我开始懂你的意思了。你想说：在清醒的状态中我们拥有关于这一状态以及睡梦的状态清晰的表象；相反，在梦中，我们拥有……不，不是这么一回事。

我：在梦中你不知道你更可能拥有的是关于清醒的表象，还是关于梦的表象。对吧？

他：是啊。当我们做梦时我们相信自己是清醒的，因此在梦中 137
我们拥有关于清醒的表象。我们时常在梦中自问我们是在做梦吗，因此我们在梦境自身之中拥有关于梦的表象。但是现在，梦中关于清醒的表象是虚假的，梦中关于梦的表象当然也配不上更好的名称。如果可以的话，请你将这捋捋清楚。

我：这是一项艰巨的任务。让我们找一下线头。

你还记得你刚刚在一个小时前说什么使你永生难忘吗？

他：当然。

138 　　我：真的吗？你认为你绝不会忘怀或质疑的是：对外在的现实之物的认识，通过现实之物自身的展现直接给予我们，以至于不存在任何其他认识方式的介入。再者：所有外在对象的单纯表象，仅仅只是直接被知觉到的现实事物的摹本，它们随时可以回溯到它们的本源之上。这难道不是你说你已经完全理解了的内容吗？

　　他：我现在也这样说。

　　我：那我们再试试看。外在对象的一切表象都是直接被我们知
139 觉的现实事物的摹本①，或是通过它们的诸部分复合而成。简而言之，它们是仅仅模仿现实事物的存在者，根本无法脱离现实事物而存在。

　　他：正是如此。

　　我：但是我想我们同样也达成了其他的共识。这些模仿的存在者可以通过与现实的存在者比较而与后者相区分。

　　他：是的。

　　我：那么必然有某种不存在于单纯的表象中的东西，存在于对现实之物的知觉中，否则这二者彼此将无法得到区分。但是这种区分直接涉及的仅是现实之物。因此现实之物自身，无法展现在单纯的表象中。

140 　　他：怎会如此？表象仅仅是现实事物的摹本，它们仅仅由其部分结合而成；我们还是不能断定它们能展现现实之物吗？

　　我：我说的是，表象无法使现实之物如其所是地展现。它们只

---

　　① 我恳请读者切莫忽略"直接"在此处的意味。参见之前第 56—65 页。

是包含了现实之物的性状，而非现实之物本身。现实之物不能呈现在对它的直接知觉之外，正如意识不能呈现在意识之外，生命不能呈现在生命之外，或真理不能呈现在真理之外。对现实之物的知觉，对真理、意识与生命的感觉，是同一回事。沉睡是死亡的同袍，梦只是生命的影子。从未清醒过的人永远不会做梦，不可能存在源始的梦或源始的妄想。这一真理在我看来至关重要，因而我刚才如 141 此急切地恳求你，坚守关于这一点的知识的根基，它正是关于确定性自身的知识的根基，亦是其唯一的来源。

他：老实说，我现在才感觉到你如此斩钉截铁地促使我接受这一点的良苦用心，感觉到要从一场冗长的酣睡中完全苏醒是多么地艰难。我们将苏醒本身带入到梦中，然后又再次做梦；那么我们就不得不付出更大的努力来完全恢复意识。

我：因此，我的朋友，不论磁场说①的哲学信徒如何吹嘘他们 142 的操纵、他们的催眠，我们还是宁愿将睡意完全从眼前抹去，并睁大双眼，而非人为地束缚双眼；我们宁愿更好地保持清醒，而非沉入梦乡，而且无论如何我们都不会容许自己陷入疯狂。任何人因为自己的表象以及表象的表象而停止对事物本身的知觉，他就开始做梦。这些表象的联结，那些由表象形成的概念，届时将变得更为主观，相应地客观的内容就愈加贫乏。诚然，这是我们本性的巨大优势，即我们能够从事物那里接受清晰地罗列出杂多的各种印象；因此能够构想出内在的语词，即概念，而凭借概念我们可以用话语声

---

① 我抛开医学磁场不论，不对它表示支持或是反对的意见，因为睿智博学且德高望重的贤士声称他们亲眼看见过，而我没有。

创造出外在的存在者，并向其中注入流动的灵魂。这些从有限的种
143　子生长出来的语词并不像"今在者"*的语词，它们的生命并不像从虚
无中产生的精神生命。一旦我们忘记这一无限区分，我们就将自己
排除在一切真理的根源之外；我们抛弃了上帝、自然，还有我们自
身。多么容易就会忘记这一区分啊！因为我们的概念，本身就借用
了自然，这些概念的形成、发展、联结以及秩序，或多或少都依据
注意力的主观规定。之后，通过我们升华的抽象能力，和用任意符
号替换事物以及它们的关系的能力，这样一种令人目眩神迷的清晰
性便显现了出来，以至于事物本身竟因此晦暗不明，最终将再难分
辨。没有什么比人们在那时发觉的自身处境更像是一场梦了。因
为即使在梦中，我们也不是完全失去对现实之物的感觉。只是更为
强烈的表象压制了更为微弱的表象，真理便被妄想吞噬。

144　　　　他：我希望这一对比能够被一个聪慧的头脑阐明。一般的梦与
哲学的梦之间的显著差别依旧不能忽略。也就是，一般的梦，人还
可以被自己唤醒；而哲学的梦，我们只会愈陷愈深，使其臻于完善，
直至我们陷入最不可思议的梦游中去。

　　　　我：好极了！试想一下梦游者爬上最高的塔尖，梦中不是他站
立在塔顶上，被塔支撑，而是塔悬吊在他脚下，大地悬吊在塔脚下，
而他将这一切悬挂于空中……噢，莱布尼茨啊，莱布尼茨！

　　　　他：为何忽然有此慨叹？这想必不是在求助吧。

---

　　　*　有关"今在者"（der da ist），可参见《启示录》1:8，其中记载："主、神说：'我
就是阿尔法，也是欧米茄，是今在（der da ist）、昔在（der da war）、将要来临（der da
kommt）的那一位，是全能者。'"——译者

我：为何就不能是求助？我不晓得还有哪位思想家比我们的莱 145
布尼茨更敏锐清醒。

他：同样也没有人如此深地沉浸于梦境吧？如果你否认这位发
明了前定和谐（prästabilierten Harmonie）与单子（Monade）的人在
做梦，那么我真的不知道该如何思考你对清醒的颂扬。

我：前定和谐的根基于我而言牢不可破，我与莱布尼茨一同建
立在这个根基上。单子，或者实体性的形式连同天赋理念，在我眼
中也并非无足轻重。你为什么瞪着我？

他：我不敢相信你居然取笑我。但是当然你不会真的将黑与白 146
当作同一种颜色来讨论吧！首先你从感性的性状中引出理性的性
状，让组织的完满性来规定知识可能的完满性；现在你与莱布尼茨
一同否认肉体对灵魂的任何自然影响，让灵魂的所有表象皆从自身
中甩出去。

我：如果你是通过莱布尼茨本身研习莱布尼茨哲学，那么你根
本就不会絮叨这些矛盾来责备我。因为这位伟大的人确实直截了
当地、不厌其烦地教导道，一切受造的精神必然与有机体相统一。
此外我能清楚地回想起《人类理智新论》中的一段话，它是这样
说的：

> ……感官给予反思以质料，而且如果我们不思考其他东
> 西，亦即感官提供给我们的特殊物，我们甚至无法思考自身的
> 思维。我相信受造的灵魂与精神无法缺失感性工具与感性表
> 象，正如它们无法不借助任意的符号运用知性。

莱布尼茨甚至在《神正论》中也说：

"……若是不存在运动、物质或感官，一个理性的存在者
该如何思维？如果这一存在者只拥有清晰的表象"（也就是它
瞬间直接且彻底地认知一切），"那么它就是上帝；它的洞见不
受任何约束。[……]然而一旦混乱的表象混合在一起显现，
感官也就在那里，物质就在那里。[……]因此根据我的哲学
不存在任何没有某种有机体的理性的造物，也不存在任何脱离
一切物质的受造的精神。"

148

你将发现同样的宣称在莱布尼茨中俯拾即是，因为它最为精准
地契合他所有的原则。①

150　　他：然而莱布尼茨还以同样的坦诚阐述道，如果有人认为他将

---

① 最令人瞠目结舌的是致门德尔松的第三封信中节选自《基于理性的自然与恩
典的原则》（*Pincipes de la Nature et de la Grace*）的段落，我用德文再次将它以及一些
其他段落眷写于此。(* 为便于读者阅读，此处德文译出。——译者)
"单子就自身而言，在某一个时刻只能通过它的内在属性和行动与另一个单子相区
分，也就是只能通过它的知觉（即单纯物当中关于复合物或外在之物的表象）和作为变
化源泉的欲求（即从一个知觉到另一个知觉的追求）。因为实体的单纯性并不排斥诸变
149 形的杂多性，这些变形必然存在于同一个实体中，而且必然存在于单纯实体与外在事物
的关系的差别性中。"
"正如诸线条相交于一个中心或一个点，可以形成无限多个角，即使那个中心或点
本身极为简单。"（第2节）
"每个单纯实体或单子，构成一个复合实体（如动物）的中心和它的统一性的原则，
它被由其他无数众多单子所组成的一个团块所围绕，这些单子构成了隶属于这一中心
150 单子的形体本身。而这一中心单子便通过其形体的各种属性，表象着外在于它的各种
事物。"（第3节）（接下页）

物质的特殊部分，某种归属于它自身、旨在服务它自身的杂多分派给了每一个灵魂，那将是对他极大的误解。他明确表示，即使没有灵魂，身体也会像现在那样行动；反过来，如果没有身体，灵魂也仍然会一如既往地行动（即制造同样的表象以及意志的规定）。①

  我：你将两个并不相互从属的命题结合在了一起。第一个命题的唯一目的仅仅是强调实体彼此之间互为感官与对象，不存在任何用作直觉官能的物质。每一个个别形式都通过整体的形式得到规定，我们称之为"感官"的东西仅仅只是实体之间在"大全"（großen All）中的关系方式。②灵魂，感觉，与对象；欲望，享受，以及享受的方式，不可分割地统一在创造的每一个方面。因此，同样根据莱布尼茨，与身体相统一的隐德莱希构成了"一"本身（Unum per

  （接上页）"每个单子，与一个特殊的形体一起，构成了一个活的实体。因此，不仅到处都存在着与肢体的器官结合在一起的生命，而且在单子中还存在着无数多个等级；其中，一些等级的单子或多或少地支配着其他等级的单子。但当一个单子具有一些如此合适的器官，以至于印象的差异以及展现这些印象的知觉的差异，产生出来和区别开（例如依靠眼睛玻璃液体的结构，光线便被集中起来并发挥更大作用），那么印象就能提升到一种持续的意识（感觉），也就是与记忆相关的知觉，印象的回声过去很久以后还保留着，有时依然能够听到它的回声。这样一种有生命的存在者便被称作动物，正如它的单子被称作灵魂。当这种灵魂被提升到理性这个层次时，它就成了某种更加崇高的东西，它也就被视为精神。"（第4节）……"人类精子的灵魂并不是理性的，而且，倘若不是受胎使得这些小的动物获得人的本性，它们也变不成理性的。"（第6节）

  在致笛·梅佐（Des Maizeaux）的信中（1711年7月8日，《莱布尼茨哲学作品集》，第Ⅱ卷，第Ⅱ部分，第66页），莱布尼茨说道："我相信人类的灵魂预先存在（präexistiert），并非作为理性的灵魂，而仅仅是作为感性的灵魂存在，它只有在被灵魂振奋的人得到孕育的时候才能获得更高的理性等级。"

  （后面会附更多段落。）

  ① 《哲学原理》，第74、84段。

  ② "实体性统一体只不过是由区分它们的观点表象的宇宙的不同焦点。"《莱布尼茨哲学作品集》，第Ⅱ卷，第75页。

se），而不仅仅只是偶然的"一"（Unum per accidens）①。如果物质任何一个部分不属于一个有机的结构，那么世界的这一部分就将与剩余部分失去联系。因此物质的每一个部分，甚至最微小的部分，都是它被割裂的部分（*geliedertes Glied*）。物质不仅无限可分；而且现实地分割至无限。②

154　　每个个别有机结构的性状规定了每个个别灵魂的性状，因为每个灵魂最先表象自己的身体（显露于其中），并且仅仅按照这一身体表象世界。"单子不会被客观地限制，"莱布尼茨说，"而是通过客观认知的变形。一切事物皆迷茫地趋向无限，却在借助知觉的清晰

155　度来获得局限与差异。"③

---

　　① 致黑蒙·德蒙马特先生（Remond de Montmort）的书信（1715年11月4日），第3段（《莱布尼茨哲学作品集》，第 II 卷，第215页）。《人类理智新论》（第 III 册，第 VI 章，第24段），第278页。尤其是那封致德斯·博塞斯的信（1706年2月4日），《莱布尼茨哲学作品集》，第 II 卷，第 I 部分，第265页。

　　② 《哲学原理》（*Principia Philos.*），第68段。《关于生命原则与可塑性的反思》（Considérations sur les Pricipes de vie & sur les Natures Plastique），《莱布尼茨哲学作品集》，第 II 卷，第 I 部分，第39页。最后（第44页）莱布尼茨说道："只有上帝才凌驾

154　于一切物质之上，因为他是造物主。然而受造物，若获得了自由，或是摆脱了物质的束缚，那么与此同时也就割裂了与宇宙的联系，如同违背一般秩序的逃兵。"第275页（同上），他在谈到天使时说道："将这些（智慧生命）从身体与空间中移除，就是将它们从宇宙的纽带以及由时空关系构成的世界秩序中移除。"——就在同一页的上方，当他谈到天使与身体统一的双重方式时，莱布尼茨说道："然而必须承认这两种与身体统一的存在方式正是如此，因此隐德莱希不具有任何理性。"

　　③ 《哲学原理》，第62段。

　　下述段落同样摘自《哲学原理》——第24、25、62、64、85段，或许能将该主题阐释得更加清晰。

　　§24 由此可见，如果我们的知觉中没有什么特别的，或者说是突出的，更高级的东西，我们就会一直处于麻木状态。这就是完全赤裸的单子的状况。

　　§25 我们看到，大自然赋予了动物更强的知觉，给它们提供了器官，用这些器官来收集无数的光线或无数的空气波，以便使它们在统一协作时更加有效。（接下页）

我相信现在我能转向你的第二个命题。 156

他：我正在那儿等着呢。 157

我：那我将很高兴与你照面。 158

我们之前统一认为一切体系，当然观念论体系除外，共同接受 159
一些内容，也就是不论个体在多大程度上被外在规定，它终究只能
根据自身的本性法则得到规定——因此就这一点而言，它必然规定

（接上页）§62 此外，人们从上述可以看出，事物为什么不能是其他样子的先天原因。
这是因为上帝在安排整体秩序时，考虑到了每个部分，尤其是每个单子，因为单子本质上
是表象性的，没有什么东西能限制它，使它只表象事物的某一部分。当然，对于宇宙的细 156
节来说，这种表象是混乱的。只有在关涉事物的一小部分时，它才是清楚的，也就指那
些与每个单子最接近或最密切相关的事物。否则每个单子都会成为一个神灵了。

§64 因此，尽管每个被创造的单子都表象整个宇宙，但它更清楚地表象的则是格
外受它影响，以它为隐德莱希的身体。并且当这个身体通过与空间中全部物质的相互
关联来表象整个宇宙时，灵魂也在表象身体时表象整个宇宙，因身体是以一种特殊方式
属于灵魂的。

§85 尽管我发现本质上所有的生物和动物都是一样的，这一点我们刚刚说过，也
就是说，动物和灵魂从世界起始处开始，从世界终结处结束：然而，理性动物有这样的 157
特性，只要它们的精子依然保持为精子而存在，它们就只有普通的或感性的灵魂。但是，
这么说来，那些被拣选的精子经过现实的受孕获得人的天性，它们的感性灵魂就会上升
到理性阶段并获得精神所具有的特权。

（* 上述引文皆为拉丁语。——译者）

很难理解康德怎么会责备莱布尼茨"除了混淆与歪曲知性的诸表象这些卑鄙的勾
当，什么都没有给感官留下"。恰恰基于同一个理由，人们亦可以声称莱布尼茨除了混
淆与歪曲知性的诸表象这些卑鄙的勾当，同样什么都没有给整个宇宙留下。——这一指
控（对我来说匪夷所思）让我想起了另一个我根本无法解释的指控。据康德先生称（《柏
林月刊》，1786 年 10 月，第 323 页的注释），斯宾诺莎主义"谈论思维自身的思想，因 158
而是在谈论一种同时自为地作为主体存在的偶性"。（但这是《伦理学》教授的或我描述
的那种斯宾诺莎主义吗？其他斯宾诺莎主义出现在这里要干什么呢？）——如果有谁绝
对无法容许自己说出任何这样的荒唐之言，这个人就是斯宾诺莎。

人们竟然会这样评论他们，那么会怎样评论我们这类人呢？

另一方面来说，看见即使如莱布尼茨和斯宾诺莎那样的人中翘楚，仍然会遭受这样
的评断，对我们这类人来说亦是一种慰藉。

自身。我们共同确认过，任何这样的个体必然只能是某种自在自为
的东西，不然它不可能为了他者而存在，并且接收这种或那种偶然
性状。它必然能够自在自为地起作用，不然不可能有任何效果从中
产生，加以延续，甚至在其中出现。

那么告诉我你是否支持这一观点。

他：我对此坚定不移。

我：那么你也将毫不犹豫地赞同，或许已经向我承认了：我们
160　在我们之外知觉到的对象无法引起知觉本身，也就是感觉、表象以
及思维的内在活动；相反我们的灵魂，或我们心中的思维能力，必
然只能就这样仅通过自身产生出每一个感觉、表象与概念。

他：我毫不犹豫地赞同。外在对象无法就这样产生思想的规定
本身，正如它也无法产生思维本身，或思维的本性。其对立立场的
荒谬性确实无法充分得出，若是有人与斯宾诺莎一同追问灵魂是否
只是无生命的烙上事物印记的石板；或是与莱布尼茨一起发问，它
是否设置了窗户或其他通道供事物进入。

161　　　我：在同样的限制下可以推出思维存在者的一切变形或变化必
然完全以它为根据。想象、记忆、知性作为思维存在者的特有属性，
必然单纯通过思维存在者在它之中引发或产生。

他：毋庸置疑。

我：进一步说，思维存在者本身并不拥有任何与肉身存在者本
身相同的属性。其中一个的规定也不可能作为另一个的规定。——
这你同意吧？

他：稍等一下，容我想想。

162　　　我：随你花多长时间都成。

他：如果我认同你上一个命题，那么你就会继续推论道，这两种存在者无法相互获得任何特性；故它们也无法作用于彼此。因此前定和谐论在本质上是正确的。

我：我不知道关于这一点你还有什么可反驳的，你已经看到同一条思想路径，同一种结论在《论斯宾诺莎的学说——致门德尔松先生的书信》中显得如此地确凿无疑，一目了然。

他：可是在我看来，那样的话存在一种显著的差别。在斯宾诺莎中，肉身的广延与思想仅仅只是同一个本质的不同属性；相反，在莱布尼茨中，它们是两种完全不同的事物，跌落在一种无以名状 163 的和谐之中。

我：斯宾诺莎与莱布尼茨表现思维存在者与有广延的肉身存在者相统一的方式当然存在差别。但是我相信经过进一步的考察你会发现这不利于斯宾诺莎，而有利于我们的莱布尼茨。① 照他的说法，思维存在者与肉身存在者根本就不是像你说的，是陷入某种不可理解的和谐（莱布尼茨常用的词是一致［conformitas］与共识［consensus］）当中的两种完全不同的东西。就受造物而言，它们在他那里就像在斯宾诺莎那里一样完全不可分割。

他：就请调和一下这一点与我向你提出的明确断言：即使不存 164 在灵魂，身体还是会像现在那样行动；反过来，即使没有身体，灵魂仍然会像现在这样运作。

我：你忽略了莱布尼茨审慎添加在那一断言中的"实际上不可

---

① 莱布尼茨与斯宾诺莎的区别以及他的高明之处在于"实体性形式"（forma substantialis）这一概念，此乃莱布尼茨体系的真正内核。这一部分内容将另作说明。

能"(PER IMPOSSIBILE)。他经常沉迷于这种形而上学的虚构，他自己就反复这么说。他甚至在第一次关于其新体系的公开演讲中，发表了这一观点："知觉，或外在之物的表象，凭借灵魂自身的法则在它之中产生，就像在一个独特的世界之中产生，就像只有上帝与灵魂存在。"看看他补充的阐释，尤其那些直接针对培尔（Bayle）的阐释；看看他写给瓦格纳（Wagner）的信《论动物灵魂》（*Commentatio de Anima Brutorum*）；以及写给德斯·博塞斯的那封

166 备受关注的信①。但我无意就这一切进行争辩，将自己卷入与某些研

---

① 为了略微激励一下那些无强烈意向查阅资料的读者，在此我简短地引述几段话，其中一些摘自致德斯·博塞斯的信，还有一些摘自莱布尼茨回复培尔的第二封信。"我已经在先前的通信中指出，灵魂导致身体的行为并非通过意愿，也就是说，并非就其是精神性的或自由的而言，而是就其是身体首要的隐德莱希而言，而且在这层意义上并非不遵循机械法则。在我用法文就前定和谐体系提出的声明中，我的确认为灵魂仅仅只是实体，而非同时是身体的隐德莱希，因为这种观点并不适用于现存的物质，不适用于理智，也不适用于关于身体与思维一致性的解释；笛卡尔主义者也不可能期望其他的结果。"（《莱布尼茨哲学作品集》，第 II 卷，第 I 部分，第 269 页）

166 "我之前已经证实，一个复合的实体，或由单子链构成的事物，因其既非单子的真正变形，亦非某种作为主体存在于其中的东西，（而且同一个变形当然不可能存在于多个主体之中），而依赖于单子。这一依赖性不是逻辑上的（如此一来，也就是说，甚至通过超自然的方式也不能将其从单子中移除），而仅仅是本性上的，亦即，它必须存在于复合的实体中，除非上帝不愿如此。"（同上，第 300 页）

"一个复合的实体并没有在形式上包含单子或它们的附属，因此它仅仅只是一个单纯的集合或偶然的存在者。"（同上，第 320 页）

"野心或其他激情支使凯撒灵魂做的任何事情，同样也将体现在凯撒的身体上；而且所有这些激情的活动都将来源于那些与内在活动结合的客体印象；身体的这一构成方式使得身体的活动不得不遵从灵魂的决断；甚至最抽象的推理借助将其呈现给想象力的符号媒介，也在身体那里发挥作用。简而言之，就现象的细节而言，一切皆发生于

167 身体之中，仿佛那些像伊壁鸠鲁或霍布斯一样相信'灵魂是物质的'的人所提出的邪恶学说为真；仿佛人自身只不过是肉体或自动机。这些人将笛卡尔主义者赋予其他所有动物的属性扩展到人类，其实是在表明没有任何事物是由人凭借其完整的理性而实现的，而人的这种完整的理性并没有以影像、激情的形式和活动存在于他的身体（接下页）

究哲学的好斗者的争执。莱布尼茨试图使他的理念适应如此之多 167
的头脑与体系；他的尝试如此频繁，以至于常常将真理嵌入到谬误 168
之中。总而言之，不论是否迫于压力，他对一切事物都进行了如此
周全的思虑，以至于就他作品目前的状况而言，人们哪怕是出于正
直的情感，而非出于偏见或短视，也很容易对他产生误解。然而更
容易——极其容易——的是任意地使他自相矛盾。只要认为合适，
人人皆可利用这些无价的遗产，可是你……你看看我向你提过的章
节吧。到时我们再谈。

他：我同意之后阅读，现在先暂缓讨论。但是有一件事你今天
必须告诉我。你选择哪一种关于天赋理念与单子论的理解呢？我
暗暗想到了一句引文，打算告与你知。

我：让我们从单子开始，那样你就可以尽快地切入正题了。

我们必须从今天已经达成一次共识的命题出发，这样我们很可 169
能立刻再次达成共识。

如果我将四五个不同的事物一起摆在桌上，然后根据数目或其
他关系将它们统一为一个表象，那么我的表象就是关于一个总体性
或整体的表象。但是并没有什么外在于我的东西作为这一整体或
总体性本身的整体或总体性。我表象的统一并不是现实客观或实
在的统一，而只是理念上的统一。

（接上页）之中。任何证明情况相反的企图，就是在自取其辱且执迷不悟，就是在为谬误
的胜利铺路。"（同上，第84—85页）。
　　"灵魂中思想变化的根基与思想表象的世界中事物变化的根基相同。显现在身体
里的机械性的根基都被集聚在了一起，可以说，都交汇在了灵魂或隐德莱希之中，而且
它们也在那里寻得了自身的起源。"（同上，第86页）

他：的确如此，但是不要忘记这种统一需要的材料，不仅涉及质料，而且也涉及形式，现实地存在于我之外，就此而言整体或总
170 体性也现实地客观存在。若是只有四个事物独立地存在，你不可能拥有五个事物的表象。但是如果五个事物处于其他的秩序，你就无法将它们统一成一个形象而真正地将它们统一起来。如果我没有误解的话，莱布尼茨正是因为这个原因才将这种事物称作半幻觉，并将之与彩虹作比。

我：是的。你的评论在诸方面都至关重要。这显示出了观念论者与哲学实在论者的真正区别。可问题不在于现象的客观材料，而在于事物本身中的联结者，在于使它结合成实在的、完全客观的统一体的联结者。你难道不会毫不犹豫地赞同，我们的示例中独立物体并不内在地结合，不论是以数字五还是以其他任何形式，因此它们不可能在表象之外自为地构成一个整体？

171 他：毫无疑问。

我：这同样适用于一切人造物，不论各种人造物在一个目的中结合得多么美妙。构成它们统一性的形式属于创造它们的艺术家的灵魂，或对它们作出判断的鉴赏者的灵魂——并不在人造物本身之中。这一人造物本身之中并不存在本质性的联结，就像一团粗糙至极的物质。

他：完全正确。我们可以将这样一种内在的统一性，亦即真正客观的与实在的统一性赋予有机体。

我：那么，如果我们想要将桌上这五个物体变为现实的整体，变成“一”本身，那我们不就不得不用它们塑造一个有机体吗？

172 他：没错。

我：我们能够通过单纯的塑造而产生这一有机形态吗，甚至假设我们已经掌握了一种任意无限地分割物质的一切物理力量，这种力量同样能够任意无限地使产生的部分向彼此聚拢吗？这样产生的集合可以构成一种本质，一种复合的实体（compositum substantiale），一种"一"本身吗？

他：那不可能。

我：那么，为了思维有机存在者的可能性，难道不是必须先思维是什么构成了它的统一性，也就是思维在诸部分之前的整体？

他：毫无疑问。我现在已经准备好了，劳驾你将这样一些思想 173
灌注到我心中吧。

我：它的作用很久以前就渗透到你心中了，无需费我吹灰之力。因为你自身就是一种复合的实体，在感觉到什么构成了你的统一性之前，你绝不可能感觉到自身的实存。当然你没有从边缘走向中心，而是从中心走向边缘。

他：我既未从边缘到中心，也未从中心到边缘。相反，我忽然间就抵达了中心。你也是这样教的。

我：我们不必为了消除一个几乎无足轻重、毫无影响的误解而在此停留。你的身体由无限多的部分组合而成，诸部分被它接受并 174
再度返还，因此它们之中没有任何一个部分在本质上归属于它。可是你感觉这些部分以一种不可见的、犹如水中漩涡的形式归属于它。你感觉诸部分根据的仅仅只是这一形式，你在一种单一、不变、不可分割、你自称为"我"的意义上感觉这一形式。这也许仅仅只是数学上的意义？或是物理上的意义？

他：因而完全是荒谬之物。

我：然而我们的"我"必然是某物，如果它不得不绕开我们已经确立的真理，即真正客观的统一性不可能产生于多数性。这一某物，不可能是某种不真实的东西，被莱布尼茨称为有机存在者的本质形式，本质构成的联结（vinculum compositionis essentiale），或单子。就此而言，我对单子论学说心悦诚服。

他：你让我大吃一惊。但是请继续告诉我，你关于这一有机存在者的本质形式拥有何种表象？

我：我相信我已经告诉你了。严格来说我对它根本无法形成表象，因为它本质的特殊性在于它有别于一切感觉和表象。它被我恰当地称呼为"我自身"，我对它的实在性怀有最完善的信念，最内在的意识，因为它是我的意识的来源，是它所有变化的主体。灵魂必然能够将自身与自身区别开来，能使自身外化出去，从而拥有关于自身的表象。① 当然关于我们称之为"生命"的东西，我们拥有最内在的意识。但是谁能形成一个关于生命的表象呢？

他：的确。

我：我们的灵魂仅仅只是生命的一种特定形式。我不知道还有什么比将生命视作事物的性状更不可理喻，既然事物反而只是生命

---

① "［第2节……］我们通过直观获知自身的实存……通过感觉获知其他事物的实存……［第3节……］我们的实存以及思维的直接统觉向我们倾注了一些后天真理，或关于事实的真理，亦即最初的经验，正如同一性命题包含了最初的先天真理，或关于理性的真理，亦即最初的光明。这二者都不可证明，都可被视为直接的；前者，因为在知性与其对象之间存在直接性关系……"《人类理智新论》，第IV卷，第IX章，第3节。（* 此处雅гли比所引为法语。——译者）

* 德文版标注为第171页。学界惯用 sic，即 sic erat scriptum 的缩写，来指示原稿自身存在的不连贯处，下同。——译者

171 sic*

的属性，只是它的不同表达。因为杂多只能够在一个有生命的存在者中彼此渗透，融为一体。统一性与真正的个体性在哪里终结，一切存在者就在那里终结。如果我们将并非个体的某物向自己表象为个体，我们就是将自身的统一性赋予一个聚合物。在这种情况下，它不是具体的物（concretum），而只是材料，现实地存在于我们之外。

他：换言之，你也完全赞同莱布尼茨的这一观点，即除了有机存在者，自然中不存在也不可能存在任何真正的现实之物。你声称每个受造的或有限的实体必然由身体与灵魂组成，因为这二者以这 172 sic 样一种方式彼此相关，以至于在事物的自然秩序中，任何一方离开另一方都将无法存在。

我：和莱布尼茨说得一样。据他所言，真正的质料，他称之为次级质料（materia secunda）或聚集，是无限者诸多结果的杂糅。① 真正的现实之物，所有由灵魂与身体组成的存在者，亦即有机存在 173 sic 者，就存在于这一质料中。但这一质料并非所有部分都是有机存在者。

他：不可能不对这一体系的恢弘壮阔叹为观止。

我：由此我可以认为，我已经不需要再向你赘述我为何青睐天

---

① "……无限者诸多结果的杂糅……"《人类理智新论》，序言第 12 页。"质料不过是无限个存在者的聚集。……我将知觉赋予所有这些无限的存在者，其中每一个都像动物一样（或具有某种构成其真正统一性的类似原则）被赋予了灵魂，以及该存在者为了变为被动并被赋予一个有机体所需要的条件。现在，这些存在者已经从一个至高一般原因中获得了自身或能动或被动的本性（亦即它们所具有的非质料性的与质料性的东西）……"同上，第 IV 卷，第 X 章，第 10 节，第 407 页。

赋理念了。我只需要提醒你，我们之前是如何处理绝对普遍的概念的，并告诉你我的天赋概念正是这些概念。我们之前的讨论想必现在于你而言已经清晰无疑了，因为我的假设现在已经通过正当的方式上升到了原理的地位。

让我们进行总结和复述：

每一个个别的受造物都与其他无限多的个别的存在者相关联，

174 sic 而这一切存在者反过来又与这一个别的存在者相关联。它们当下的状态，无一例外地通过自身与其余一切存在者的关联，在每个时刻获得确切的规定。一切真正的现实之物都是个体或个别事物，因此它们是彼此外在的有生命的存在者、知觉与运动的原则（principia perceptiva et activa）。

因此，要设定一个个体，就必须在他身上一同设定统一性与多样性、行动与受动、广延与相继的概念。换言之，这些概念皆天赋于每个个体中，创建于他之中。

这些概念与其他一切概念相区分，因为它们的对象完全以同一种方式完整地被直接给予。所以这些概念的对象绝不仅仅存在

175 sic 于表象之中，往往也现实地存在。而且没有任何干扰——不论何种——能够哪怕一时地阻止它们被直接感知或是必然联结在一个概念中。甚至最彻底的癫狂也无法从其根源上消除这种知性。

他：若这样理解你的天赋理念，那我无可反驳。显然我们获得关于我们意识的意识，关于自身的感觉，除了将自身与外在于我们的某物相区分，别无他法。这一某物就是一种无限的杂多；我们自身只有通过这种杂多才能获得理解。"一""多""一切"的概念以及它们的基本特性和关系因而必然已经在每一个意识中被给予，即

使最微弱的意识，并且在经受了个体一切可能的变化之后，本质上
也必然保持不变。然而它们的清晰性依赖于意识的清晰性，也就是　176 sic
依赖于我们在内涵和外延上将自身与外在之物区分到何种程度。

我：难道我们不能也采用这种方法，以便在任何地方都确定无
疑地规定某一种受造物相对于他者享有理性与生命的程度？

他：我相信我们可以。

生命与意识是同一的。更高程度的意识依赖于统一在意识中
的更大数量的知觉。每个知觉都同时表达外在的某物和内在的某
物，以及通过彼此之间的关系表达二者。因此每个知觉本身已然是
一个概念。正如行动和反应。而且如果接受印象的能力如此完善，
以至于与人格性（Persönäliät）相关的想象与记忆所具有的性状由此　177
形成，那么我们称之为理性的东西就会开始发展。①

因此理性的存在者通过更高程度的意识，因而也就是更高程度
的生命，与非理性的存在者相区分。随着将自身与他者在内涵和外
延上做出区分的能力的增强，这种区别的程度也会增强。上帝是与
万物最迥然不同的存在者：他必然具有最高的人格性，也只有他才
具有完全纯粹的理性。

我：因此不可能轻视理性，除非一个人厌弃自身与自己的生命。178
但是我们怎样才最能逐步提升我们自身之中的理性？我们最明智
的行为难道不是直接把握理性，从而逐步巩固并扩展它的能力吗？

---

① 参见前文，第150、151页脚注。"我"与"你"在最初的知觉中便将同时得到
区分。但是在同等尺度下，"我"开始变得比"你"更清晰。——由此生成了概念、语词
和人格。

简而言之，难道最好的方式不是锲而不舍地使理性（Vernunft）变得正当合理（vernünftig）吗？你怎么看？

他：我认为，人类的缺陷，古老的恶疾，就是忽视内核，青睐外壳；忽视事物，青睐假象；忽视质料，青睐形式。宗教四处沦为狂欢与迷信；市民联合沦为政治机器；哲学沦为闲谈；艺术沦为手艺。为什么理性不应该也沦为其形式与方式的单纯运用呢？

179　我：它时下盛行的各种称号说明，人们至少试图以各种各样的方式对它加以运用，因为所有这些称号都源自我们运用理性的这种或那种方式。就我而言，我听到最多最响的是将理性称为一支"火炬"，这是它经过不到二十年从微光进化而来。所谓火炬，就是它必须向下传递。——如果理性只是微光，便不可能如此。我必须承认，我自己还未看见这一变为火炬的理性。我的理性是一只眼睛，而非火炬。而且如果我没有弄错的话，我们总是用语词"光"来表示看的能力，至少当我们的理性中仍然只有微光的时候是如此。我

180　忍不住对火炬持怀疑态度。通常取来一支火炬，是为了个别的对象能够被看清；尤其是这样一来，这个对象越是被清晰地看见，它周围的一切就越是晦暗不明。①

他：我可以为你揭开火炬之谜。这绝不只是自我吹嘘。讨论中的火炬仍是经验曾经交给理性的那一支，而真理从经验之手接过这支火炬。人们声称："这支火炬并不属于经验。"而那些后来者将火炬从经验手中一把扯下，叫嚣着他们才是物主，他们举着火炬行至

① 这位天赋异禀的莱布尼茨在描述时代精神时曾采用过螃蟹的比喻，这些螃蟹被人偶然发现，它们的蟹爪一只出奇地大，另一只又可怜地小。显然他会选择一种介乎之间的、双钳匀称的螃蟹。

何处，理性与真理就在何处彰显，谎言则在其他任何地方横行。然 181
而据谣传，火炬并不愿一直燃烧，无论人们多么用力地将它紧攥手
心，并在风中挥动。

　　我：哦，火炬将会归还给经验之手，理性、真理与经验的古老
队列将会重新出发！当然敏锐深刻的观察者不可能没有注意到，我
们的一切认知都建立在实证的基础上，一旦我们抛弃后者，我们就
将坠入幻梦与最空洞的想象之中。如我们所见，即使是我们称为先
天的概念与命题，皆以实证的方式直接地取自向我们展现自身的现
实之物。更加非同凡响的是，甚至连我们相对普遍的概念与命题，
同样以实证的方式直接地取自向我们展现自身的现实之物。先验
概念以关于"一切"的混杂表象为基础，对我们而言，它们的对象
自始至终无处不在地存在，存在于被造的每一个部分，甚至存在于
最细微的部分；其他的概念则以关于"一些"的混杂表象为基础， 182
对我们而言它们的对象并不总是存在，而且它们仅仅只存在于这样
或那样的特殊事物中。因此，绝对普遍的概念，以及那些相对普遍
的概念，都无法引领我们超越那些我们在自身之中或在自身之外现
实感觉到的或已经感觉到的东西。存在于更完善的知觉以及与之
相关的更高程度的意识之中的是，被称为理性的我们的本性所享有
的优越性的本质。理性的一切功能自发地从中获得发展。一旦设
定了统一于一个意识中的诸多表象，便同时设定了同样这些表象必
然将通过它们的相似与差异影响意识。不然意识将真的变成一面
死气沉沉的镜子——而不是意识，不是凝聚于自身中的生命。因此
除了知觉的源始活动之外，我们不再需要任何区分与比较的特殊活 183
动，依靠这些活动，根本没有任何东西可被思维。而且我将以同样

的方式阐释"反省""思考"及其结果，——就我们内在的积极原则对抗（但并非背离）消极原则的不断进展（如果可以这样说的话），且遵循接收的印象以及它们的关系而言。这些印象与关系在涉及同一对象时，每一次都达成一致，表象就必然接受新的规定，有时更加主观地，有时更加客观地展开。这样一来，重要真理的发掘与荒诞谬误的产生都变得同样可理解。

如果我们只从自发性的方面考察理性，而不思考这一自发性如何仅仅作为一种反应彰显自身，那么我们将无法把握它的根基，将永远无法知道我们从它那里正当地获取了什么。如果我们将其当184 作探索关系的能力，那么就已经预设了一种从对象接收更加完整的印象的能力。脱离这一能力，理解关系的单纯能力绝不可能通过发掘某个仍未被知觉的"同一"（idem）或"非同一"（non idem）来充实我们的知识。

不懈追求的、深邃敏锐的综合感官——这一崇高的天赋使我们成为理性的受造物，作为尺度规定精神相对于其他受造物的优越性（我在广泛意义上使用"感官"一词）。最纯粹和最丰富的理性根据的是最纯粹和最丰富的感觉。任何具有自我洞察力的研究者都必然将从自身的经验中觉察到一点，即研究时为了使表象尽可能清晰，诉诸的并非区分与比较、判断与推论的能力，而单纯只是感官185 的力量。他竭尽全力坚守住自身的直觉；他感知，再感知；然后借助感官，他将直观更近地送至精神之眼。当一个耀眼的观点乍现，灵魂安静片刻，以便被动地加以吸收。它被动地接受从中产生的每一个判断。它只有在任意的直观中才是活动着（tätig）的。

他：可那样的话，人们就能够以确定的方式说，整个理性可谓是从外部涌向人的。

我：有什么是不能"以确定的方式"说的吗？可如果理性在自身中预设了一个有生命的原则，这个原则将世界统一于一个不可分割的点中，而且从这一点出发对无限者作出反应，那么我不明白为什么不能说理性从外部涌向人，即使只是"以确定的方式"说。感官的职责就是接收与传递印象。传递给谁呢？印象的这一聚集发生于何处呢？我们该如何对待这一种单纯的聚集呢？"多样性"与"关系"是预设有生命的存在者能够积极地将杂多整合为统一体的有生命的概念。可即使是最晦暗不明的感觉也表达了一种关系。因此人们必然会说，不只是我们称之为先天的知识，而且是所有的一般知识，都无法通过感官被给予，而只能通过灵魂有生命的、活动着的能力产生出来。感性只是一个空洞的语词，若是我们不把它理解成一种同时分离与统一的手段，由此便已然预设了区分与联结的实体性的要素。但作为这样一种手段，它是全能之爱的工具，或（请容许我采用一种更大胆的表述）造物主的隐秘援手。只有通过这种手段，生命的恩赐，那种显露自身并由此享受自身的实存的恩赐，才能授予给无限存在者，世界才能从虚无中产生。每每想到这一点我都感到毛骨悚然；每每都是如此，仿佛我在刹那之间直接从造物主之手中接过我的灵魂。

他：你让我想起了那本古老的神圣之书，其中记载到："上帝用尘土造人，将生气吹在他的鼻孔里；他就成了有灵的活人。"*那一容器，那一身体，必然先行成形，而且它的成形仅仅是为了作为容器。

186

187

---

* 可见《创世记》2:7，记载了上帝创造亚当的过程。——译者

我：人的表象方式各不相同，并非所有人对事物都所见一致。于我而言，在自始至终由身体与灵魂组成的存在者中，在由此通过 188 分离与联结无限再生的生命中，那位给予一切的施舍者的自由之手，如此清晰可见，以至于我们可以现实地触碰到它，我可以这样说。我们称为物质的东西由它非本质的无限可分性，近似于虚无。——什么是物体？什么是有机体？——这皆是虚无，一种荒谬之物，无法显露任何本质性的持存，除非我们通过实体来思考形式，事先设定一个精神的王国；除非我们从生命绝对单一的本性出发。因此任意一种体系，即使是最小的体系，其中也能蕴含成千上万个体系，而且也都需要一种将其统一、推动与集合在一起的精神——一位生命的主人与王者。那么一切体系的体系呢，存在者的"一切"呢？能由虚无推动并集合吗？难道它不能统一吗？如果它是统一的，那么它必然被某物统一起来，唯一确实作为某物的东西就是精 189 神。但是将一切整合为一、将众多存在者联结成整体的精神，不可能仅仅只是一种灵魂。生命的起源无需任何容器。它不像水滴，需要容器逐一捕捉并储存起来。造物主就是这种精神。而这就是他的创造：灌注了灵魂，塑造了有限生命，预备了不朽。

他：于你于我同样显而易见的是，我们随处感知到的有限生命——实际上是通过形式无限的杂多性的作用——直接指向一种不受限制的绝对生命，指向那位自由地通过特有的分离形成杂多的创作者。同时一目了然的是，为什么我们没有关于这位"一切存在者"的存在者的概念，为什么我们必须意识到若是想要探寻他的本性，基于我们的表象方式是不可能的。因为我们，将不得不变为 190 依赖性的，直至我们的存在中最内在的极限，所以我们从此将无法形成哪怕一丝关于完全独立的本性与完全纯粹的活动的表象。根据那个最古老的证明，还有根据最深刻的哲学，我们有限的存在从身体开始，并始终由身体维持。因此我们的理性必然从感性的感觉开始，并始终由其维持。我们的自然知识都绝不可能超越有限之物与有限之物向前向后永不停歇地相互交织的结果。因此若对我们仅仅只是受造物大惊小怪或真的感到惴惴不安，那将是多么愚蠢。

我：人的僭妄和欲望已经足够离奇。他们想抛开光，单纯地用眼睛看；这还算好的，他们还想抛开眼睛来看。他们认为，只有这样，人才能恰当地、真切地、自然地看。哪里盛行这一观点，将非自然视作自然，将自然视作非自然，哪里就存在着所谓的"哲学"。我记得曾经在一群不同背景的人中提到过这个问题："若是没有犯下原罪，人类如何繁衍呢？"一位智者迅速地回应道："哦，无疑是通过理性的话语！"

他：很好！可在你看来，我们理性的话语又将带来什么呢，若是我们发现，我们现在置身的世界，类似于那个传说中的脱离一切规则的安乐国呢？

我：关于这一问题，历史已经为你提供了大多数答案。你将发现其中包含众多不同的世界现象，而且你将发现理性的现象总是完全遵循世界的现象。例如拜占庭世世代代的学者并不缺乏思维、意义或语言。然而他们现在的理性程度已经众所周知。

他：因此我们必须承认不论何时人类理性的性状由世界的进程决定，而非由理性自身决定。所以任何时代任何地方，人只具有上帝允许他们在彼时彼地具有的洞见与理性，即使他们认为他们随时随地都能够尽情地享有洞见与理性。[1]

193　　　我：……而且能够尽情地享有非理性！如果我们能够主宰自然，即使是在一定程度上，或者如果我们应对社会的方式能够同我们在自己家中或在个别国家时一样，那么你刚才提到的无意义的世界及其相关的物，在很久以前就已然存在。可恒定不变的客观理性不断迫使主观理性回归正轨，至少足以确保它不至于倾覆。人似乎零星地、时不时地怀有以暴制暴的图谋。所以似乎是这种图谋使他们自己偏离了这条轨道。

　　　他：假设这就是我们自身的情况，它与哲学的福音形成独特的反差，这福音宣称我们即将单纯由理性主宰，开创黄金时代。

195　　　我：我不知道，至少有些对比并非全然不可能。让我们简要地考察这一问题。

　　　人的灵魂之眼，或人的理性，不似肉体的眼睛，仅是一个可分割的部分。因为灵魂并不具有彼此外在的部分。因此人的灵魂之眼，或人的理性，就是人的灵魂本身，鉴于后者具有清晰的概念。人心中被称为理性且就是理性的东西清晰地表达了"我"。如果这

192　　① "理性在时间进程中形成。不论什么教育了、训诫了、推进了人类，它同样也将促使理性形成。孩童只有通过教育才能发展自身的理性。因此，理性之为理性，皆归功于所有那些教育人类的事物，而且如果我们将万物与其他物分开，并将理性视为一种自主的抽象，就是一种游戏，理性在此就是虚无……因此没有创造，人类将会是多么地寥落；没有神的助力，进展将会是多么地微渺；或没有神的教育，又如何知晓今日之所知。"——赫尔德

　　　如果这段话仍然不足以表明上述观点的意思，那么请允许我参阅鄙人论斯宾诺莎的作品，第183—190页。——一个人可以掌握大量的数学和物理学知识，纷繁的外在信息，然而却几乎不具备真正的理性。就理性通过规定自身成为自己渴望或憎恶的对194　象而言，真正的理性与灵魂本身相关。然而一种纯粹的自我规定对于受造的存在者而言是不可能的，它必须通过一个被给予的客体才能实现。

个"我"在行动中与自身协调一致，也就与理性协调一致。——因此如果这个"我"行为一致，但仅仅根据的是它的冲动以及它可能的一致性法则，那么它就支配自身，或者只被自身的理性支配。这样一种支配自身的可能性或非可能性依赖于灵魂寻求的对象。现在，这些欲求可以被这般限制，以至于灵魂单凭理性便能达到目的，也就是通过自身达到目的，因为它拥有清晰的概念。而且如果这一束缚的状态就是黄金时代，那么或许真能如愿。

他：难道远离神圣事物与未来世界以控制自身，不是这只支配自身的眼睛的主要条件吗？

我：当然！这是不言而喻的。这只支配自身的眼睛竭力更多、更持久地认识上帝与另一个世界，到最后就更能清晰地看见虚无，不再望向空洞之地。神迹，或是新的实证的启示，至少需要介入。

他：可有些人更可能变得愚昧，而非转变为信徒。这样一些人通常在自己狭窄的领域中能够清晰地思维，且很容易清晰地思维，执意将他们想象的界限当成可能性的界限；将想象的性状当成自然真实的光；将想象的法则当成理性的绝对法则。任何与经验相悖的推理都将向经验让步，任何与推理冲突的经验必须向推理让步。任何不符合他有限的表象方式的东西，就是虚无，就无法存在，就完全不可思维。比起想象，他们将更先否定自己的感官。事实上，若是他们否定自己的感官，他们也必然放弃自己拥有的那个知性。

我：昨日 ** 的 ** 拜访了我，他还沉浸在失去爱妻的悲痛中。你知道他是一位坚定的无神论者，深信人死后一切尽皆告终。他在这种场合中反复讲述一句我已经耳熟能详的话：关于事实并非如此的证据，甚至他对这种事实的亲身经历，与其说改变了他的信念，

196

197

198

不如说使他沦为笑柄。于是我向他的良心发问，假使他的亡妻出现在他的面前，真真切切就是她的模样，那时候他完全清醒，可那种情形下这一现象并不会惊吓到他，她以他能辨认出的声音说道："愿节哀。我在这儿的生活，比在人间更幸福，我们会再见的。"我问他那时是否会相信死亡之后的生命。

　　他：他很可能还会申辩道，即使那个时候他也不会相信，并且
199 罗列各种方式，向你展示存在着多么巨大的可能性，他可以用他的想象、他当下的内心状态等对他目睹的现象加以解释。

　　我：他的确这样做了。就其他所有人包括我在内来说，我最终接受了他的观点。但是就他而言，我就不能接受这一点。我向他担保，如果他完全清醒，且没有因爱人的显现恐慌，并完全保持思维清晰，那么没有人能说服他相信那一现象仅仅只是一个梦。从那一刻起，他同样也获得了关于自身离世后仍继续存在的确定性。

　　他：这是否能慰藉他到生命尽头，就是另一个问题了。但是任
200 何人反思你所假定的情况，都将感受到你把主张的真理都赌在了这上面，这再次以振聋发聩的方式表明，感性的自明性之于一切推论的优越性。推论不能成为原理之前的原理，不会因为它们一贯的联结而在感性上自明。然而因为亡灵并不经常显现。上帝并不会让自身被感觉到。因此我们和我们的哲学最终可能导致这样的结果吗，即那些不承认积极启示的人一旦获得恰当的意念，就必然放弃对神的信仰，对死后的生命的信仰？因为一切信仰最终都要得到事实、他人或亲身的经验支撑。每一种经验都只由感觉组成。

　　我：如果上帝不使自身被感知，那么你就是对的。因为包括感觉与表象，我们的一切知识，只由概念、判断以及推论构成。我们

已经清楚这些东西，也就是我们思维的整个构造，不仅能而且必须回溯至最完善的感觉及其进程，①换言之，回溯至意识的进程，而且必然要这样回溯，若是我们不愿丧失对自身理性的信心的话。因此，我们不能以这种知性感觉到上帝，我们也不能以其他任何方式经验到或意识到上帝。因此，再次重申，只有随着（mit）知性与理性，我们才能经验并产生意识；但绝不是通过（durch）知性或理性，仿佛这些是特殊的力。单纯就知性与理性自身被考察而言，根据它们知觉关系的单纯能力，知性与理性就是思维存在者。它们的功能，就像它们的内容，皆是虚无。现实中它们反而是完满的感觉本身，是我们所知的更崇高的生命、更高的实存。感觉的完满以它的一切变形规定了意识的完满。接受性如此，自发性也如此；感官如此，知性亦如此。我们在内涵和外延上将自身与外在之物区分开来的能力程度，就是我们人格性的程度，也就是我们的精神高度。连同理性这一最可贵的属性，我们还接受了上帝征兆，他今在*的征兆，以及自在地拥有生命的存在者的征兆。自由的气息从那里注入灵魂之中，不朽的领域变得清晰可见。

他：你最后几句话已经让感觉与思想的汪洋在我心中翻起巨浪，我的朋友……

我：天色已晚。我们是时候休息了。不过，以防我们谈话的收尾太过严肃，或太过随意，还是听听我从昨日拿来消遣的一本书中

---

① 此外我再次强调，我不接受"完全消极的能力"这一概念，只容许它作为一种积极原则的变形。"真正的哲学中，不完善的实体乃是怪兽。"莱布尼茨：《莱布尼茨哲学作品集》，第Ⅱ卷，第Ⅰ部分，第276页。

* 有关"今在"（der da ist），可见原书143页的相关论述，以及相应的译者注。——译者

摘录的几段话,这本书在我病卧榻中的时日里给予我莫大的帮助,比我在精神抖擞的许多岁月中得到的还多。

他:你说之前先让我看一眼啊!《莱昂纳德与格特鲁德》*? 好像有点印象。

我:很奇怪,我们都没有怎么听到过这本书的名字,所以以前没有读过这本书。当然这不是因为该书作者可能缺乏的内容,或该书论述或未论述的内容没有完全合乎我的喜好。但是现在来吧!在谈论这本书的时候,我们切莫忘记它本身!

204　　　　　指引人的是行为,慰藉人的是行为。远离语言吧!

给予人的一切教导将使他成为有用之才,或是使他或是使他的技能可被仰赖,因为他自己的知识和技能仰赖于他在学徒生涯的勤勉肯干。只要缺失这一品质,人的一切技能和科学皆如海之泡沫,远远望去,好似从深处升起的礁石,但是当海风与巨浪击打过去,它便瞬间消失无踪。

描绘夜,或是勾画夜影的阴郁之色,无法使人目视。只有当你点燃了光亮,你才能展现何为夜,只有当你摘除了白翳,

---

* 《莱昂纳德与格特鲁德》(*Lienhard und Gertrud*),副标题为"给人民的书"(*Ein Buch für das Volk*)是由瑞士教育学家约翰·海因里希·裴斯泰洛齐(Johann Heinrich Pestalozzi)于 1781 年至 1787 年间连续出版的四卷本小说。小说以博纳尔(Bonnal)村为背景,讲述了一个被忽视的乡村如何在管理者和居民的共同努力下,实现道德与经济复苏的故事。——译者

你才能展现何为盲。

的确，若是要指引人远离错误，就必须在他们心中驱散错误的精神，而不是单纯反驳愚昧之言。

205

若是我们企图逃离上帝笼罩于我们的阴影，我们就是在挥霍我们自身的内在之物。

上帝创造夜，正如他创造日；为何你不栖息在上帝的夜里，直到他告知你上帝将梦藏在云中，而他的太阳绝不会，永远不会将梦从云的背后唤起？

只有借助于人，对人而言，上帝才能成为人的上帝。

人认识上帝，只有当他认识人，也就是认识他自己。他敬畏上帝，只有当他敬畏他自己，也就是只有当他依照他心中最纯粹最完善的冲动，对待自己以及自己的邻居。

故人亦可使他人升华到宗教的教义，不是通过形象和语言，而是通过自己的行为。

因为你对穷人说："上帝存在"，或对孤儿说："天国住着　206
你的父"皆是徒然；无人能用形象和语言将上帝诉与他人知。

但是如果你向穷困之人伸以援手，因此他得以活得像一个人，那么你就向他显示了上帝。如果你抚育一个孤儿，使他仿佛拥有了一个父亲，那么你就告与他知是天国的父塑造了你的心灵，使你必须这样抚育他成长。

他：甚妙！甚妙！我脑中刚刚浮现出阿斯穆斯（Asmus）的一篇文章，我也不知为何浮现，文中提到"深受痛风折磨的双脚"，还有"被斗篷遮掩"的双脚。他最后的结语，我印象极其深刻，其中写道："给脚涂涂药膏吧，锡诺普人！"

增　补

论先验观念论

在我看来，康德《纯粹理性批判》依据的先验的或批判的观念论，并未被某些康德哲学的拥趸充分重视——或者，如果我能像我希望的那样畅所欲言的话，那么我要说这些拥趸似乎太过畏惧那些对观念论总体上的指控，以至于他们宁愿催生误解，也不愿直面那些可能令人望而却步的指控。当然，这本身已经不存在任何可被谴责的东西——因为通常人们必须在征服自身的偏见之前先将其压制，而且它往往很难引起人的注意，以至于一旦普遍的先入之见半路杀出，我们或许只能放弃任何赢的希望。然而，在目前的情况下，事情就是这样，稍有误解便会破坏整个研读，以至于人们不再能理 解本该理解的。这类斥责很难扣在《纯粹理性批判》头上。它关于自身的宣言已经足够明确，而且，在翻阅过"先验感性论"那几页之后，人们只需要阅读"先验灵魂学说"对第四个谬误推理的批判（第367—380页*），就可以知道如何放之四海而皆准地理解先验观

---

　　* 此为《纯粹理性批判》A版页码，按雅可比的德文译出，余下皆同。——译者

念论。在最后的引文中（第 370 页）康德说道：

　　反之，先验的观念论者，却可以是一个经验性的实在论者，因而如人们对他所称呼的那样，可以是一个二元论者，即他可以承认物质的实存，而并不超出单纯的自我意识，也不假定除了我里面的表象的确定性、因而除了 cogito, ergo sum（我思，故我在）以外的更多的东西。因为，既然他承认这种物质甚至物质内部的可能性都只是现象，这现象离开了我们的感性就什么也不是，那么物质在他那里就只是一种表象方式（直观），这些现象叫作外部的，不是说它们似乎与自在的外部对象本身有什么关系，而是由于它们把知觉与空间联系起来，在空间中一切都是相互外在的，但它本身，即空间，却是在我们里面的。——我们在一开始就已经表示，我们赞同这种先验的观念论了……

　　[A372]* 如果人们把外部现象看作这样一些表象，这些表象是由它们的那些作为处于我们之外的自在之物的对象而在我们里面引起的，那么就看不出人们除了通过从结果到原因的推论外，如何能够认识这些对象的存在，而在这种推论那里必然总是会留下这原因究竟是在我们之中还是我们之外的疑点。现在，即使我们可以承认：对于我们的外部直观，可以有某种在先验意义上存在于我们之外的东西是它的原因，但这个东西

211

---

　　*　此为译者所标学院版页码，余同。——译者

并不是我们用物质和有形之物的表象所指的那种对象：因为这 212
些表象只是现象，亦即只是一些任何时候都只处于我们之内的
表象方式，它们的现实性，正如对我们自己的思想的意识一样，
是基于直接的意识之上的。先验的对象不论就内直观而言还
是就外直观而言，都同样是未知的。不过这里所谈的也不是先
验对象，而是这样的经验性的对象，即如果这种对象是在空间
中被表象，那它就叫作外部的对象，而如果它只是在时间关系
中被表象，它就叫作内部的对象。但是，空间与时间两者都只
有在我们里面才能遇见。

　　然而，由于"在我们之外"这一说法带有某种不可避免的
含混性，因为它一会儿意味着作为自在之物本身而与我们有区
别地实存着的东西，一会儿又意味着仅仅属于外部现象的东
西，所以为了使这个概念在后一种意义上，即在这种本来就包
含着由于我们的外部直观的实在性而来的心理学问题的含义
上，能摆脱不确定性，我们就要把经验性的外部对象通过将其 213
直接称之为可以在空间中遇到的物，而与那些在先验的意义上
也许可以称作外部的对象区别开来……

　　[A374—375，脚注] 在空间中，除了在其中被表象的东
西外，什么也没有。因为空间本身无非是表象，因而凡是在其
中的东西都必定包含在表象中，因而在空间中除了在其中现实
地被表象的东西外一无所有。说一个事物只有在关于该事物
的表象中才能实存，这虽然是一个听起来必定会令人奇怪的命
题，但在这里却失去了它的唐突性，因为我们所涉及的事物不

是自在之物，而只是现象，也就是表象。

214   [A378] 如果我们不想纠缠到我们那些最平庸的主张中去的话，这些反驳就强迫我们把一切知觉、不论叫作内部的还是外部的知觉，都只当作对与我们的感性有关的东西的意识来对待，并把知觉的外部对象不是看作自在之物本身，而只是看作我们能够像对其他任何表象那样直接意识到的表象，但这些表象之所以叫作外部的表象，是因为它们和我们称之为外感官的那种感官相联系，这种外感官的直观就是空间，但空间本身毕竟只不过是一种有某些知觉在其中相互连结着的内部表象方式。[A379] 为外部现象奠定基础的先验客体，与为内部直观奠定基础的先验客体一样，就自在的本身来说都既不是物质，也不是思维着的存在者，而只是诸现象的一个我们不知道的根据，这些现象对于第一种事物和第二种事物都提供了经验性的概念。

215   至于我最初参阅的"先验感性论"，我只想从中摘录以下关涉时间的先验观念性的段落。

    对于这个承认时间有经验的实在性、但否认其有绝对的和先验的实在性的理论，我从行家们那里已听到一致的反对意见，以至于我由此相信，在不习惯于这些考察的每个读者那里，这种反对意见都必定会自然而然地产生出来。这种意见认为：变化都是现实的（这由我们自己的表象的更替所证明，哪怕我们想否认一切外部现象连同其变化）；既然变化只在时间中才可能，那么时间就是某种现实的东西。回答这种意见并不困难。我承认这全部论证。时间当然是某种现实的东西，也就是内直观的现实的形式。因此它在内部经验中有主观实在性，就是说我现实地拥有关于时间和我在时间中的诸规定的表象。216 因而时间并不能作为客体而被看作现实的，而是作为我自己把自己的表象为客体的方式而被看作现实的。但假如我自己或另外一个存在者，在没有这种感性条件的情况下能直观到我的话，那么正是我现在表象为变化的这同一些规定就会提供出某种知识，在其中时间表象，因而连同变化的表象根本不会出现……我虽然可以说：我的诸表象在前后相继。但这只是意味着，我们把它们意识为在一个时间序列中的，也就是根据内感官的形式来意识它们的，等等。（《纯粹理性批判》，第36页和第37页）

因此我们实在论者称为现实对象或独立于我们表象的事物，对于先验观念论者而言仅仅只是内在的存在者，它们根本没有展现那 217 种可能外在于我们，或现象可能涉及的事物，相反，这些内在的存在者脱离了一切现实客观的事物，是内心完全空洞的单纯主观的规定。"这些对象 ① 就是表象"，也仅仅是表象，"它们正如被表象出来的那样，作为广延的存在物或变化的序列，在我们的思维之外没有任何以自身为根据的实存"（第491页）。"它们"，亦即这些对象，

---

① 　出于这个原因，康德将那些不是单纯经验的实在论者的实在论者，称为做梦的观念论者——因为他们将仅仅是单纯表象的对象当作自在之物。

仅是现象，它们展现虚无，绝不展现客观的东西，而是不论在哪里都只展现它们自身，"只是我们表象的游戏，这些表象最终是归于内感官的诸规定的。"（第101页）

218　　　因此：

　　　　在我们称之为自然的那些现象上的秩序和合规则性是我们自己带进去的，假如我们不是本源地把它们或者把我们内心的自然放进去了的话，我们也就不可能在其中找到它们了（第125页）……即使我们通过经验学到了许多规律，但这些规律毕竟只是对更高的那些规律的一些特殊规定，而在这些更高的规律中，那些最高的（其他一切规律都从属于其下的）规律是先天地从知性本身发源的，它们不是从现象中借来的，毋宁说，它们使这些现象获得了自己的合规律性，并正是由此而必然使现象成为可能的。所以知性并不仅仅是通过对诸现象的比较来为自己制定规则的能力：它本身就是对自然的立法，就是说，没有知性，就任何地方都不会有自然，即不会有诸现象之杂多的按照规则的综合统一：因为现象本身不能够在我们之外发

219　　生，而只能实存于我们的感性中。[①]

---

　　①　人们必须警惕，切莫将康德这一主张与莱布尼茨如此频繁强调的另一种观点混淆，门德尔松的《斐多》（Phädon）亦曾出色巧妙地描述过莱布尼茨的这一观点，亦即杂多的秩序、和谐或任何协调一致，只能是这样一种情况，即不存在于事物中，而只存在于总括杂多并将其统一为一个表象的思维存在中。因为根据后一个主张，我感知到的秩序与协调一致绝不可能仅仅只是主观的。相反，它们的条件存在于外在于我的对象中，而我受迫于对象的性状只能以这样一种方式联结它的诸部分。因此，在这种情况下，就知性依照对象构造的概念而言，对象也是知性的立法者。概念通过对象在它的各部分与关系中被给予，属于我的只剩下理解本身。（前述作品，第167页，第170页。）

　　我相信这些简要的摘录足以证明，一旦康德学派的哲学家宣称　220
对象产生加诸感官的印象，并通过印象激起感觉并由此带来表象，
他们便完全违背了康德的体系精神。因为根据康德的学术概念，始
终只是现象的经验性对象，无法在我们之外存在，并且也只能作为
表象而存在。相反，根据这一个学术概念，我们却对先验对象知之
甚少。如果一个对象被我们考察到，它就已不是我们探讨的对象
了。这个概念很有问题，它建立在我们思维完全主观的、仅属于我
们特有的感性形式之上。它并不从经验中产生，也不能以任何方
式从经验中产生——因为不是现象就不可能成为经验的对象，而现　221
象，或我心中这种或那种感性的刺激，就这类表象而言并不与任何
客体发生关系。知性通过将现象的杂多联结在一个意识之中，将客
体附加在现象之上。随后我们声称认识一个对象，如果我们在直观
的杂多中造就了一种综合的统一体，而且这一统一体的概念即为对
象的表象=X。然而这种=X，并非先验的对象。因为对于后者，我
们一无所知。而它仅仅被假定为一般现象可理解的原因，单纯是为
了我们拥有某种对应于感性即接受性的东西。①

　　不论声称对象将印象加诸感官并由此带来表象有多违背康德　222
的哲学精神，也还是无法看出康德哲学如何能够绕过这一预设切入
自身，以宣称它的一些学术概念。因为甚至连语词"感性"都不会
具有任何意义，除非我们将其视为实在事物之间的确切实在的媒
介，从某物到另一个某物的现实中介；它也将变得毫无意义，如果
"彼此外在"与"联结一体"，"行动"与"受动"，"因果性"与"从

----

　　① 《纯粹理性批判》，[A版]第246、253、254、115、494页。

属性"这些概念并非已然作为真实的和客观的规定包含于它的概念
之中的话。实际上，它们以这样一种方式被包含，以至于这些概念
的绝对普遍性与必然性同时作为先前的预设而被给予。我必须承
认在研习康德哲学的过程中，这一问题给我带来不小的阻力。我举

223　步维艰，以至于不得不一遍一遍地重头阅读《纯粹理性批判》，因为
我总是不断地在这一点上迷失，即：绕过那个预设，我无法进入体
系，而通过那个预设，我又无法停留其中。

　　显然不可能带着这一预设停留在体系中，因为这一预设基于
一种信念，即对象作为自在之物而非单纯主观现象外在于我们，而
我们对对象的知觉具有客观有效性；它同样还基于一种信念，即关
于这些对象彼此之间的必然联系，关于它们作为客观实在的规定的
本质关系，我们所形成的表象具有客观有效性。但是这些断言不可
能以任何方式与康德哲学相容，因为后者的整个意图都旨在证明：
对象（及其关系）仅仅只是主观的存在者，只是我们自身的单纯规

224　定，绝不可能在我们之外存在。即使以康德哲学的视角承认先验的
东西作为原因可能在某种程度上契合这些单纯主观的存在者，但
这些单纯主观的存在者仅仅只是我们自身存在的规定，这一原因
存在于何处，它与结果处于何种联系，也仍然隐藏在最幽深的黑暗
中。而且我们已经发觉，我们无法获得关于这一先验的某物的任何
经验，或是对它产生一丝一毫的意识，不论距离远近。相反，经验
的一切对象皆为单纯的现象，这种现象的质料和实在的内容完全
只是我们自身的感觉。就这一感觉的特殊规定而言（我指的是它的
根源），或是以康德哲学的语言来说，对象刺激我们的方式和方法，

225　我们几近全然无知。就使这一质料获得形式的内在加工或消化而

言，我们心中的感觉成了我们的对象——这依赖于我们本质的自发性（*Spontaneität*），其原则再一次彻底无人知晓。关于它，我们只知道它最初的表现形式，即一种盲目地向前向后联结的能力的表现形式，这种能力我们称之为想象力。但是因为以这种方式产生的概念，以及从中衍生的判断与命题，不具有任何有效性，除非涉及我们的感觉，所以我们的整个知识不过是我们自身关于联结着的诸规定的意识。从中我们无法推断出其他任何东西。由于我们的本性的性状，我们的普遍表象、概念与原则只表达本质的形式，任意一种特殊表象与判断都必须遵循这一本质形式，以便能够在一个普遍或先验的意识中被接受、被联结，并由此获得相对的真理或相对客 226 观的有效性。但是如若我们剥离人的形式，那么我们这些直观与思维的法则将不具有任何意义或有效性，而且就自然法则本身而言并未提供一丝一毫的信息。不论是充足理由律，还是命题"无中只能生无"*，都不涉及自在之物。简而言之，我们的全部知识不包含任何东西，一丝一毫也不包含，根本不具有任何真正客观的意义。

　我要问：对象在我们的感官上造成印象并由此激起表象这一预设，与致力于消除一切根据并由此作为这一预设的根据的学术概念，如何可能相统一？想想我们在文章一开篇展现的内容，也就是根据康德的体系，空间以及其中的一切事物仅仅只存在于我们之 227 内，而别无他处。一切变化，即使是那些我们认为自己通过观念的序列直接确信的自身内在状态的变化，也仅仅只是表象的方式，而

---

　　*　"无中之能生无"所对应的德文为 "daβ aus Nichts Nichts werden kann"。——译者

没有证明客观现实的变化，或这样一种存在于我们之内或之外的事物的前后相继。试想这一事实，即知性所有的原理仅仅只表达了主观的条件，而这些条件是我们思想的法则，根本不是自然自身的法则，相反，它们不具有任何真正客观的内容与作用。正确审视这几点，来确定这是否可能与"对象在我们的感官上造成印象并由此产生表象"这一预设兼容。你将发现这绝不可能，除非你赋予每一个语词以陌生的含义，赋予它们的结合以完全神秘的意义。因为根据228 语言的通俗用法，"对象"（Gegenstand）必然是指在先验意义上存在于我们之外的事物。我们在康德哲学中如何能获得这类事物？或许因为我们称之为现象的表象令我们感到消极？可是感觉消极或承受仅仅只是某个状态的一半，这种状态无法单纯基于这一半而被思维。这种情况还将明确规定，不可能只根据这一半对状态进行思维。因此我们将感觉到先验知性中的因与果，借此我们将能够在先验的意义上推断出外在之物，以及它们彼此间的必然联系。但是因为整个先验观念论将因此坍塌，并且失去一切应用和目的，所以它的任何追随者都必须否认这一预设。因为对于这一追随者而言，甚至不可能在先验意义上存在外在于我们的事物，或是它们与我们之间存在某种我们不论以何种方式知觉到的某种关联。即使他只是曾经认为它是看似为真的，即使他只是隐隐约约地这么相信，那他也将不得不脱离先验观念论，并将自身置于真正难以描述的矛盾当中。因此先验观念论者必须鼓起勇气来维护这曾经被教授的最有力的观念论，并且不去忌惮思辨的唯我论者（Egoismus）的驳斥，因为如果他连这个最后的驳斥也要排斥的话，那他就不可能还固守在他的体系之中了。

若康德哲学本身因为猜想或信仰，仅在毫厘之间远离了先验观念论者主张的先验的无知的话，那么它不仅会在那一刻失去每一个支撑点，而且还会被迫宣布彻底放弃它曾经自诩的主要优势——亦即它使理性归于平静。因为这一僭妄仅仅基于先验观念论声称的彻底的绝对无知。然而这一无知将会威力尽失，哪怕只有一个猜想超越了它，哪怕只是略胜它一筹。

*　　*　　*

保持头脑清醒，切莫轻信友人；这便是智慧赖以维系的纽带。

——埃庇卡摩斯的长短格残篇 *

---

*　此处雅可比重复了在正文开始前引用的埃庇卡摩斯格言，见边码1。

致费希特

我们过分凌驾于自身，终无法理解自身。

——费奈隆（Fénelon），借鉴于奥古斯丁 *

---

* 雅可比此处引用了法语。——译者

[Ⅲ] "天赋如何显露自身?"——正是通过造物主
显露在自然中,在无穷的一切中的方式!
以太清澈却深不见底;
眼睛可见,对理智而言却是永远的谜。

——歌德(Goethe)[*]

---

　　* 此诗实为席勒(Schiller)所作,诗名为《天赋》(*Genialität*)。雅可比在 1816 年
第二版中更正了这个错误。——译者

序　　言 　　　　　　　　　　　

其实我在写成之后便已将下述信件公之于众，甚至完全没有一丝刊印出版的想法。因为这封信将直接且将仅仅寄达那位绅士的眼前，与他在哲学上交锋，若是他对我的理解完全到位而无任何偏差，我便已心满意足。现在我征得他的同意将其刊印成册，缘由之一是：与其让这封信被流言蜚语或草率的副本裹挟，我宁愿它能以可靠的版本发行。

由于没有人会因为公开出版就被迫阅读这封信，我期望主动浏览的读者能够公正地接受它本来的面目，而不会苛求我要么应该从一开始就为一般读者着想，为出版拟定样稿，要么至少现在应该赶 [VI]在出版前重新修订一个更好的版本。——通过这种修订将会诞生出一部新的、完全不同的作品，而这实属不妥。因此，除了为一般读者添加一些注释和附录，我别无他法。而且我已经这样做了。

出版这篇文章最困扰我的是一些我关于我们伟大的"柯尼斯堡人"——他的伦理学和神学——的判断，那些判断尽管不是未经斟酌，但也是草率地被附带提起。关于这些判断进一步的界定以及详细的辩解将在另一篇文章中出现，在此我承诺，且此刻也深感责无旁贷，誓要尽早将那篇文章发表。同时，在此出现于文章中的内 [VII]容，譬如我在提及先验哲学的段落中称康德仅仅为费希特的前身，如若读者脱离其所在的情境、口吻以及上下文来理解和诠释，那么我将备感沮丧。就争论中的这一情况，显然这位"前身"才是声名更加显赫的那位。费希特作为一个高贵的人，在这一点上他已经巧妙有力地彰显了自身，确切地说是太过谦逊，而非谦逊不足。① 但是在我看来，这件事却呈现出了另一番模样。因为我将对"非知识"（*Nichtwissen*）的意识视作人最高的东西，视这一意识之所在为科学无法触及的真理之地，因此我理应对康德选择违背体系而非触犯这片地域的威严而感到满意。依我之见，只要费希特企图将这片地域划入科学领域，容许目光从思辨的视角，即所谓的最高的、真理本身的视角，来俯瞰这片地域，他便是在触犯此地的威严。——但是如果康德没有效法，费希特就会说，他前后不一贯，半途而废。——在这一点上我和他达成一致。十二年前，我自己就说过同样的话。可是费希特就没有前后不一贯吗？——人们对其无神论哲学的指责有失偏颇，因为严格来说，先验哲学并不比几何学或算术更无神论，然而出于同一种缘由，它同样也无法在任何意义上成为有神论。

[VIII]

[IX]

---

① 参见他的文章《知识学的概念》（*Uber den Begriff der Wissenschaftslehre*）序言，其中他论述道："直到此时，作者才真心相信，人类知性无法僭越康德所处的，尤其是他在《判断力批判》中所处的界线，但是他从未替我们规定这一界线，宣称它是有限知识的最终界线。他知道他无法言说康德不论是直接地还是间接地，清晰地还是含糊地尚未指明的。他将理解这位哲人之天赋的任务留予后代，这位哲人基于其立场发觉了哲学的判断力，并且从这一立场出发，竭尽全力将其推至最终的目的，仿佛时常被一股更高的灵感指引着。——他同样真心地相信在康德天才般的精神之后，没有比莱因霍尔德的系统性精神更高的天赋了⋯⋯他确实并未将他只是因缘际会地追随那些受人敬仰的前辈从而所贡献的绵薄之力视为自身的劳绩。他知道此处彰显的任何劳绩，并不在于发现的机遇，而是在于探索的赤诚之心。因此，人只能作为自身的审判官，自身的赏赐者。"

如果它切实尝试在一种排他的意义上成为有神论，那么它将因而是
无神论的，或至少看上去是无神论的；因为它将揭露上帝如何也利
用自在的非存在的行动以求单纯凭借这一点在哲学上有效，而在根
本上成为某种实在之物。所以，为何费希特要让哲学落下企图且能
够成为无神论这一名声？为何他没能更加谨慎地避免留下以下这
种印象，即通过先验哲学能够引入一种崭新的、唯一的有神论，由
此自然理性陈旧的有神论将被斥为彻底的无稽之谈？他因而毫无
缘由地让自身及其哲学卷入险恶的流言之中。其实无须对先验哲
学求全责备，控诉其对上帝一无所知，因为众所周知，上帝不可知，
只可被信仰。一个可知的上帝根本就不可能是上帝。但是单纯人
为制造的对他的信仰也是一种不可能的信仰；因为就其只愿为人所
造而言——亦即单纯科学上的或纯粹理性上的——它废除了自然 [x]
信仰，并且由此也废除了作为信仰的自身；所以有神论被整个推翻
了。——我参照的是莱因霍尔德的《致费希特的书信》。①

　　莱因与霍尔德*这位纯粹又优雅的贤士，这位为了真理勇于牺牲
自己乃至一切的豪杰——在此我必须事先向他致意，以免我因这篇
文章而遭受这样或那样的攻击。——一旦这种情况发生，您，亲爱
的朋友和兄弟，将不得不被卷入这场纷争，扛起年长的同伴逃离炽
烈战火，就像苏格拉底曾扛起年轻的同伴一样。——没有您的鼓舞，
没有您的再三劝诫，我这一次还会有胆魄冲锋陷阵吗？——"我应

---

　　①　参见《致拉瓦特与费希特的信——论信仰上帝》(*Sendschreiben an J. C.
Lavater und J. G. Fichte über den Glauben an Gott*)，汉堡：珀斯，1799 年。
　　*　这里作者对莱因霍尔德(Reinhold)的名字作了文章，因 Rein 与 Holden 的德文
词义分别为"纯粹"与"优雅"。——译者。

该这样做,我必须这样做——为此您不惜置自身于险境之中!"——那么,现在让我们看看您将如何经受考验! 自此刻起,这篇文章已不再属于我——不再是我的地盘,我的财产,而是你的。

F. H. 雅可比

［正文］*

1

奥伊廷，1799年3月3日

我敬爱的友人，今日开启了我静候的第六周。我焦虑万分，却无能为力，还是未能等到内心宁静来写信与你。今天，我甚至比以往任何时候都更加急不可待，所以我带着坚定的决心提起笔来，在完稿之前誓不放下。我怀着这种在绝望中产生的决心而设定的目标是什么，我自己也不知道。但是正因为此，这才更加符合我的"非哲学"，这一哲学的本质在于"非知识"，正如你的哲学其本质仅仅在于知识，而且依照我最深沉的信念，正因为此，在更严格的意义上它才是唯一担得起哲学之名的那一个。

我抓住每一个契机宣扬并准备公开承认这一点：我视你为思辨理性真正的弥赛亚，彻底纯粹的、在自身中并通过自身持存的哲学预示的真正之子。

没有人能够否认，思辨哲学的精神以及它从一开始就必然坚持不懈追求的对象，就是要让这两则命题（"我在"和"有物外在于我"）之于自然人等同的确定性变得不等同。思辨哲学不得不试图使其中一个命题屈从于另一个，最终完全地从后者获得前者或是从

---

    * 原书无标题，此标题为译者所加。——译者

前者获得后者，因此在它的眼里，在纵览一切的眼里，将只能存在一种存在者与一种真理！如果思辨成功地缔造了这一统一体，通过将缔造的不平等推向极点，即由于自然的等同被摧毁，它的另一种人为的等同，将从关于显然存在的"我"与"非我"的确切知识中涌现而出——一种完全归属于思辨的全新产物！如果它成功地实现这一点，那么思辨同样也将成功地独立从自身产生出一种关于真理的完备的科学。

[3]　　　因此，这两条主要路径，唯物论与观念论，或单纯通过规定自身的质料与仅仅通过规定自身的理智解释一切的企图，拥有同一个目标。分道扬镳，根本就没有将它们分离，相反让它们越走越近，直至最终相遇。思辨的、发展出形而上学的唯物论，最终必将自发地把自身美化为观念论。因为除了二元论，对于臆想的思维能力而言，只有唯我论是开端或终点。

斯宾诺莎将唯物论美化为观念论的条件已经成熟。他所谓的实体，以同样的方式构成了广延存在者与思维存在者的基础，不可分割地将它们联结在一起，而这不过是客体与主体不可直观的、唯有通过推论才具有可靠性的绝对统一性。新哲学的体系，亦即理智的独立哲学体系，便建基于此。匪夷所思的是，斯宾诺莎从未想过

[4]　翻转其哲学魔方：将朝上的一面，即他称为客观的思维层面，翻转为朝下的一面，即他称为主观或形式的一面。届时看看他的魔方是否仍然保持原样，在他眼里是否仍保持着唯一为真的哲学形态。毫无疑问，一切都会在他操作的试验之下自行改变。那个时至今日对他而言仍为实体的魔方：两个完全不同的存在者的同一个质料——将在他的眼前消失殆尽，取而代之的是，一团纯净的火焰将熊熊燃

起，单纯靠自身发热，无需依赖任何场所或材料助燃：这就是先验观念论！

我选择这一形象，是因为我最初进入知识学，就是通过颠倒了的斯宾诺莎主义的表象。而且我总是将其刻画为一种无质料的唯物论，或一种纯粹数学（Mathesis pura），其中纯粹空洞的意识表象出了几何空间。我没有必要事先解释纯粹数学如何——通过假设描画出一条直线（运动，以及这一概念所预设与涵盖的一切），构造出一个圆（尺度、面、图形；质量、数量等）——就能够在思想内从 [5] 无到有创造出数学体乃至整个世界。——因此，只有愚昧无知、粗俗不堪的人才会鄙视几何和代数（因前者不产生实体；因后者不产生数字上的意义、存在的价值）——也只有这样的人才会鄙视先验哲学。

我恳求并且期望费希特能够读懂我的言外之意；能够从转瞬即逝的言语、梗概以及草图中理解并非昙花一现的思想。如果我这个心愿都无法实现，那么我将不得不写出一本什么样的书啊！我这辈子都写不出这样一本书！

于是我继续阐述：首先，在思辨理性的犹太教徒面前，我甚至还要更加激情响亮地再次宣示你为他们的王。我警示那些顽固之人，他们竟以这种方式认识你，反而只将柯尼斯堡的施洗者视为你的先驱。你所给予的指示将唯物论与观念论结合成一个不可分割的存在者——这种指示完全与先知约拿的指示无异。   [6]

正如一千八百年以前，巴勒斯坦的犹太人渴盼弥赛亚已久，而当他真正显现的时候，他们却背弃了他，因为他并未带来让他们想要拥戴他的指示——因为他不是向世人宣扬割礼或是包皮有用，而

是宣扬一种全新的造物 *——所以你也不得不成为我所谓的思辨理
性的犹太人足下的绊脚石或耻辱柱 **。只有一个人对你开诚布公，
一个表里如一的以色列人，拿但业（Nathanael）·莱因霍尔德。*** 如
果我不是已然与其交好，我亦将在那时成为他的知己。但是那时我
们缔结的友谊将和现在的友谊全然不同。

　　只有在异教徒之中，我才是一位拿但业。因为我不属于旧约，
仍未施割礼，而且就同一种无能或执念而言，我必然也排斥新约。
　　如人们所言，拥护您学说的其中一名狂热的信徒，我灵魂的牧师，
[7] 曾指责我缺乏纯粹逻辑的热忱，而这种热忱是"独一哲学"的"独
[8] 一精神"，就像在苏格拉那里它曾是真正的苏格拉底哲学，他这
番言论确实是一针见血。① 他完全可以说我的著述只是骗人的假象，

---

　　*　参见新约《迦拉太书》5：6；新约《哥林多后书》5：17。——译者
　　**　参见新约《罗马书》9：33。——译者
　　***　据乔洛·乔瓦尼（George di Giovanni）称，此处指的是卡尔·莱昂哈·莱因
霍尔德。参见《约翰书》1：47。"以色列人"是康德主义者。正如拿但业（一个内心一尘
不染的以色列人）能够辨认出弥赛亚，莱因霍尔德也能够在费希特之中辨认出康德主义
的完成。——译者
　　①　尼古拉先生（Friedrich Nicolai）在他最新的作品中肯定了这一判断，他迫不得
已，必须抓住这仅有的一次机会谈到自己，近乎毛遂自荐。《论斯宾诺莎的学说——致
门德尔松先生的书信》的作者遭到批驳（参见尼古拉先生的《论我的学术修养》（Über
meine gelehrte Bildung））"因为他似乎并未表明自己能够理解单纯为了探索的探索。"
对于像尼古拉那样如此纯粹与敏锐的精神而言，这是极其令人震惊的缺陷。"一种在正
与反之间旺盛生长的精神。"因为面对真理毫无私念，他蔑视自己掠夺的战利品（至少是
思辨性的战利品）。但是因为纯粹哲学的缘故，他只尊重竞技的特性，人们只有在单纯
为真理不断披荆斩棘的过程中才将获得这种特性。
　　我诚心接受这两位同样出色的狂热主义者对我的批判，他们热衷纯粹的逻辑，面对
真理同样毫无私念，同样公正中立。其实，就我面对真理时的私心而言，它远远超出他
们所想。对此《致费希特的书信》将会揭示更多新的内容。但是将来，为了洗心革面，
8 我想要更加清晰地阐明这一问题，将自己完全祖露在世界面前，将我哲学的技巧拙劣祖
露在这些真正的巨匠与智慧的大师面前。

四处制造出一种属于独一哲学的、甚至于接受了绝对命令学说的印象：从根本上说我是不纯粹的。总体而言，我们这位共同的门徒与灵魂牧师，很准确地抓住了我个性的这一面，他合理地断言我只是一名有天赋的哲学家，一位不入流的作家，在某些地方，虽不能说是每个地方，未能单纯地将形式转化为事物——如同本应当做到的那样，因为这一转化（*Machen*）自身便是一切中的一切，在其之外皆是虚无。①

然而有一点，却逃过了这位狂热信徒的眼睛——关于这一点，[9] 他甚至连一丝轻微的预感都没有——即独一哲学与我的非哲学，在走向各自最高程度的相异性时以何种形式发生了关联，而且可以说，在发生关联的瞬间彼此渗透。但是你，我的朋友，已经感受到了这一点，正如我感受到的一样。你已经承认，我在你的讲堂尚未开放之前便已早早等在门口，作出了预言。这座大堂之内，作为享有特权的异教徒，我已经抢占了极佳位置，提前过滤掉一切可能会以某种类别塞进我大脑的可怕思想。因为我真正的观点显然有助于而非有碍于进入科学（coge intrare），所以我甚至可以于结束之 [10] 后在我的座位上发表我自己的演讲。

---

① 参见期刊《德意志》（*Deutschland*）同年第二期与第八期（如果我记忆无误的话）对我的作品《偶思》（*Zufällige Ergießung*）与《沃尔德玛》（*Woldemar*）的谴责。由于公开发表我致费希特的书信，我发现自己被迫提及这项于我而言堪比屈辱的有罪判决，所以我至少不应该忽略查阅它的读者，以我的良心和名誉保证，这一批判性作品（它隐秘的历史渊源）的私人内容单纯源自作者生产性的想象。甚至引文之中就充斥着想象 [9] 力的游戏。"非真理"，如果人们想这样称呼的话，便是诗意-哲学方法的偶然产物：你先从人们那里得知作者，而后又从作者那里得知人们。因此它们并非有意的诽谤或谎言。当将这一切都纳入思量，其余的就豁然开朗了，即使如此，这也是此时出版的大师之作《卢琴德》（*Lucinde*）的创作者的表现方式。

　　我们两个人，单纯地追求精神生活，不惜一切虔诚地追求真理，我想，我们完全能够就科学的概念达成共识。也就是说，科学本身存在于对其对象的自我生产中，而这种生产不过是思想中的生产自身。因此任何一种科学的内容本身仅仅只是内在的行动，而且科学的整个本质皆由这一本身自由的行动的必然方式构成。我和你一样，都认为每一种科学是一种根据"我"这一原型生成的主-客体，只有这个"我"是科学本身，由此它是一切认知对象的原则与溶剂，是它们在单纯科学意图下去解构与建构的能力。人类的精神只是通过构造诸概念，力图在一切事物内且从一切事物中寻回自身。它追求并反抗着，不断地将自身从某种程度上吞噬它的短暂的、有条件的实存中割裂出去，以便让它的自我存在，在自身内存在，独立自主地延续它这种存在。理智的这种活动对它而言是必要的；不存在没有这种活动的理智。根据这一洞见，想要抑制自身或他人心中对科学的渴望将会是愚不可及；相信有人真的能够过分夸大哲学探索将会是愚蠢至极。过分夸大哲学探索意味着过分夸大沉思（Besinnung）。

　　所以我们两人怀着类似的诚挚与热情，期盼有关知识的科学——一切科学中的一，认知世界的世界灵魂——趋于完善。然而我们之间有一个区别：你期盼这一点，是因为如此一来一切真理（Wahrheit）的根据就被证明存在于知识的科学之中；而我，则是因为如此一来就可以很明显地看出这一根据，即真实之物本身（das Wahre selbst），必然存在于它之外。但是我的目标绝对没有阻碍你的目标，正如你的目标也没有阻碍我的目标一样，因为我能分辨真理和真实之物。你并没有理解我说的"真实之物"是什么意思——

而且作为知识学的导师，按照我的判断，你也不可能理解。

三月六日 ［12］

若是我信守诺言，下定决心，在完成这部作品之前，不再费心下笔写、动手做或着眼于其他任何事情，那么我就可以大胆地立下另一个决心，也就是：踏上一条更为狂想曲式的、更加类似于草蟒的旅程，继续前行，即仅仅将一团观念联结的杂烩摆在你的面前，从中你或许能够恰当地获知我理解了什么，不理解什么。

我的身体状况，我目前处于的整个形势，只允许我要么推延这封写给你的信，天晓得要到什么时候，要么以这种方式使自己脱离困境。——缴械投降，完全向你袒露我自己，这样你大体上能够看清楚我烦扰你的是什么——这就是我的目的。但是我不愿——我各方面的能力都如此平庸——在一位具有前所未有思维能力的人面前卖弄，何况这个人的其他每一种精神天赋都还如此之高；我卑微 ［13］无助，仅仅只是我自身的阴影，我不愿在这位强而有力的人面前卖弄。——但是，就这样吧！——我的磨难开始了。

在我看来，对每一个愿意着力于正确理解、完全领会《阿尔维信札》(*Allwills Briefsammlung*) 背后那封致埃哈德·O. 的信的人而言，关于费希特与我之间的异同点，以及我们哲学喜恶的秘密应该一目了然。

――――――――

　　我可以站在费希特的立场上，使自己理智地孤独站立于其中，以至于我几乎为自己持有不同观点而羞愧不已，几乎难以开口反驳他的体系，甚至都无法向自己开口。但是我同样也能感受到那样一股来自我相反的立场的引力是如此坚定持续，以至于我开始对他感到愤怒了，因为我对他人为地从感官出发（*Von-Sinnen-Kommen*）的方式感到生气甚至恼怒，而我效仿他的做法，来摆脱我天生的感官匮乏（*Wahn-Sinn*）。所以我大胆地将一项罪名扣在他的脖子上，这项罪名不是过于疯狂，而是相反，不够疯狂。因此如果费希特反过来要在我的头上扣上过于疯狂的罪名，我就不应该抱怨。

[14]

――――――――

　　纯粹的哲学，亦即完全内在的哲学（*immanente* Philosophie）；整体的哲学；理性的真正体系，这只有以费希特的方式才是可能的。显然如果纯粹理性能够单纯地从自身之中，单纯地推导出一切，那么一切都必然在理性之中且通过理性、在作为我的我之中、仅在自我性之中而被给予，并且必然已经包含于它之中。

――――――――

　　"觉知"（*Vernehmen*）是理性之根。——纯粹理性是一种只觉知自身的觉知。或者说：纯粹理性只觉知自身。

因此纯粹理性的哲学活动必然是一种化学过程，使外在于理性的一切转化为虚无，唯独留下了理性——一种精神如此之纯粹，以至于在它的纯粹性之中，它自身无法存在，相反只能生产一切；然[15]而，再一次地，处于如此纯粹的状态之中，它自身亦无法存在，而只能于精神的生成之中被直观；仅是行动-行动的整体。

————————

所有人，就其一般寻求知识而言，将那种纯粹哲学作为他们最后的目的，却对其一无所知。因为一个人要去认识，只能够是因为理解；而他要去理解，也只能够是因为通过将事物转化为单纯的形象，他将形象转化为事物，将事物转化为虚无。

说得更加清楚些！

我们理解某事物，仅仅在于我们能够构造出这一事物，亦即能够令其在我们的思想当中产生，让其生成。就我们无法将其构造出来或无法在思想中将其产生出来而言，我们无法对其进行理解。（《论斯宾诺莎的学说——致门德尔松先生的书信》，第 402—404页，尤其需要注意第 419—420 页的注释。）①

因此如果一个存在物对我们而言是一个完全可被理解的对象，那么我们就必须在思想上不将其视为客观之物、自为存在的事物，以[16]便令其成为某种完全主观之物，我们自己的造物，一种单纯的图型（*Schema*）。没有什么可以存在于其中，可以构成其概念的本质部分，其概念并非我们的行动，而现在仅仅只是我们生产性想象力的展现。

————————

① 增补 I。

因此人的精神，由于其哲学的知性根本无法超越它自身的产物，故而为了渗入诸存在者的领域，通过思想将其征服，它就必须成为世界的造物主，以及其自身的造物主。对它而言，只有在一定程度上实现后者，它才能觉察到有所进展。然而它也只能在给定的普遍条件下才能成为自己的造物主：从根源上说，它必须根据其自身的本质来毁灭自身，以便单纯在概念中产生，且获得自身——在"纯粹绝对的往而复归"（源自虚无，朝向虚无，旨在虚无，进入虚无）的概念中；或在"钟摆运动"的概念中，既然这是钟摆运动，那么一[17] 般而言，它必然会为自身设定诸多限制；但是它因为一种不可理解的限制性，而具有只作为特殊运动的诸多特定的限制。

————————

一门科学，若只以作为科学的自身为对象，除此之外再无其他内容，那么它就是自在的科学。"我"就是自在的科学，而且是唯一的科学。它理解自身，倘若它理解或是觉知外在于它的事物等，那么它就将与自身的概念相矛盾。因此，我必然是其他一切科学的原则，是一种经久不衰的溶剂，能够使它们皆分解消散为我，不会留下任何残渣——非我——的痕迹。——它绝不会失效：若是我给予一切科学以它们的原理，那么它们必然都能够从我之中推演出来；如果它们只能从我之中推演出来，那么同样的，它们必然都只能在我之中并通过我构造出来，就它们是可构造的而言，亦即，就它们是科学而言。

———————————

抽象为一切反思奠定了根基，由此一来，反思只有通过抽象才 [18]
得以可能。反过来说也成立。这二者不可分割，从根本上说是同
一的，是一种将一切存在物消解为知识的行为，是通过越来越普遍
的概念逐渐（在科学的道路上）进行摧毁的过程。然而凡是以收缩
（*involvirend*）这种方式摧毁的，同样也能够以扩张（*evolvirend*）这
种方式再次重建：通过摧毁，我学会了创造。因为当我通过消解和
分析达到无物在我之外（*Nichts-Außer-Ich*）的状态时，在我自由的、
相对局限的想象力之外，一切皆为虚无这一点变得对我来说显而
易见。通过这种想象力，我可以单独依靠自己的行动，就让一切存
在者再次出现，就像我还没有将它们视为自为的存在者，视为虚无
一样。

———————————

去年冬天，在汉堡的时候，我故意调笑似的用一个譬喻来概括
费希特观念论的结果。我将其比作一只针织长筒袜。

想要形成一个表象，而非通常关于针织长筒袜的产生和构成的经
验性表象，人们只需要拆开针织网的收尾结，任它行进在这一主-客 [19]
体的同一性的主线上。人们就会清晰地发现这一个别事物如何通
过毛线单纯的往复运动，也就是通过不断限制自身的运动，以防自
身执迷于追求无限者，从而获得现实性——没有任何经验性的干预
或其他掺杂、修饰。

至于我的长筒袜，我则镶上了边，绣上了花朵、月亮、繁星，以及所有一切可能的图形，而且深知所有这一切只不过是指尖的生产性想象力，在毛线之"我"与棒针之"非我"间游荡的产物。站在真理的立场上看，所有这些图形，以及这只长筒袜的存在，不过是一根孤零零的、赤裸的线。没有任何东西被注入其中，不论是从针脚还是从指尖。它完完全全就是那一切事物，除了它之外，无物存在于那一切事物中；它完全就是那一切事物，但是只有通过它关于它在行进过程中始终缠绕着棒针的反思活动，才因此成为这一特定的个体。

[20]

我倒是想听听人们如何能够就这一只长筒袜而言否定一个确切的真理，即尽管它拥有着一切无限的多样性，它完完全全只是它的一根线而已。而对这根线而言，唯有它才是这一无限的多样性。的确，如我先前所言，线条只需要通过揭露自身反思的序列，回到它源始的同一性，以便赤裸裸地阐明这一点，即那种无限的杂多性和杂多的无限性，只不过是它自己编织的、空洞的编织物，而且唯一的真实之物就是通过自身、在自身之中及自身之上行动的它自身。——而且这根线会更加期盼这一回归，即从依附它的"非我"的牢笼中挣脱出来。——无人不从经验中得知，所有的长筒袜是多么倾向于破除限制，达到无限性。多么失策啊！因为他们应该很清楚，不可能作为一切同时又作为一或某物。

[21]

如果这一譬喻如此离谱，以至于暴露了该作者粗浅的误解，那我就不知道新哲学如何是一种真正新的哲学，而不仅仅是基于任意一种二元论的旧哲学变换了表述而已；可那样它就不是真正切实的内在哲学，或圆融一体的哲学。旧哲学中称为"知觉"的东西，在新哲学中将被称作"必然想象"，但是归根结底指的完全是同一个东西。如果到头来不论如何都只是意指同一个东西，那么，经验最终仍将占据上风，它之于科学，正如有活力的肢体之于人造工具。于是一个高于科学知识的领域必然将被设想在人的精神之中；而且人们可以站在那里俯视科学知识。可那样的话，"思辨至高的立足点"便将不再是"真理的立足点"。

因此我并不惧怕那种责难。我反而能够想象新哲学青睐于我 [22] 的譬喻，并使其为己所用。

"反思吧，"它或将冲我说道，"探索你自身！"——所有这些长筒袜意味着什么呢，穿上长筒袜，而不顾关于其生成的洞见，不顾使它们从根本上产生的机制的考察，不顾织袜技艺中普遍的以及愈加普遍的再创造，不顾使技艺本身最初作为真正技艺产生的再创造，这些究竟意味着什么呢？——你尽可以嘲笑这一单纯沉浸在关于纯粹知识的纯粹知识中的纯粹喜悦，这一喜悦尚未被完全扭曲为单纯的逻辑热忱。我们并不否认，我们欣然沉浸其中，不再探寻天上人间。即使肉体与灵魂令我们失望，鉴于对单纯关于知识的知识、单纯关于洞见的洞见、单纯关于行动的行动之崇高的爱，我们 [23] 也不会在意。对此嗤之以鼻，恰恰是你的幼稚无知，你的可怜可悲。与此同时，我们向你作出了无可辩驳的阐释与论证，即一切生成与存在，下至最低等的动物，上至最崇高的圣人与近似上帝的存在者，为之奠定基础的必然是单纯的逻辑热忱。亦即，一种纯粹规划自身、考察自身的行动，单纯为了行动与考察，而不需要其他主体或客体，不需要内在、起点、目的或终点。

我将单纯通过再次展示我的长筒袜，来予以回应。然后我要问：若是不涉及单凭自身使知性进入其本质的人的腿脚，这只袜子还能意味着什么呢？下至底层的动物，上至圣人，编织的单纯编织又将意味着什么？——我声明，我的理性、我的整个内在，已经在这种表象面前怒不可遏，因震惊和恐惧而战栗不已；我对其避让，正如我对最为可怕的恐怖事物避让那样；然后我如同一位神，向这样一种达那伊得斯的（Danaiden）、这样一种伊克西翁的（Ixion）恩福降下灭顶之灾。

———————

[24]　　　我们的科学，就其本身而言，就是人的精神虚构出来用以消磨时间的游戏。虚构这些游戏，仅仅只是组织起了非知识性，而没有靠近关于真实之物的认识分毫。在某种意义上它反而由此背离其而去，因为在这项工作中它分散了自身投注于非知识的注意力，从而不再感觉到压力，甚至愈加倾心于它，因为非知识是无限的，而且它与人类精神一同参与的游戏变得愈加五花八门、摄人心魄、层出不穷、扣人心弦。如果关于我们的非知识的游戏并不是无限的，并不是本身如此以至于每一次转变都将产生一种新的游戏，那么我们与科学就将落得和我们与所谓的井字游戏一样的处境：一旦每一步落子以及可能的变数皆为我们知悉，我们便将对其感到厌倦。这场游戏已被我们破坏，因为我们对其了然于胸，因为我们对其熟知于心。

　　　因此我无法理解，若是有人像费希特那样触及这一真理（科学[25]　知识）的根基，像他那样清晰地，或至少像我这样清晰地洞察到在纯粹科学的本质之中，我们只是在玩弄空洞的数字游戏，通过数字运算，我们推算出诸定理，仅仅是为了推算出更多其他的定理，并且认为哪怕是询问数字的含义，或询问其内容，都极其愚蠢可笑、惹人厌恶，他怎么还会满足于科学知识，怎么还会愿意放弃科学知识以外的一切真理，并且欣然接受再无其他真理这一洞见。再者，我无法理解当发现"只有诸真理存在，没有任何东西为真实之物"时的欢欣雀跃，我无法理解这份对其中不再需要真实之物本身的最纯粹真理的爱——像神一样自足，因为它已经从真实之物的欺骗这边，过渡到了欺骗的纯粹本质的真理那边……它已经隐秘且审慎地阐明了上帝……上帝并未消失，因为他从未存在。普赛克（Psyche）现在知道了这一折磨自己好奇心如此之久、如此之难以承受的秘密。现在她知晓了，无忧无虑了。在她之外的一切皆是虚无，而且她本身就是一个幽灵——不仅仅是某物的幽灵，而是幽灵本身，一种实在的虚无，一种虚无的实在性。

［26］

────────────

　　一切科学最初作为服务其他目的的手段而产生，而且真正意义上的哲学——形而上学——亦不例外。所有哲学家都旨在触及事物形象的背后，亦即事物本身；触及真理的背后，亦即真实之物。他们想要认识真实之物，却没有认识到真实之物一旦能够为人所知，它便不得不停止作为真实之物，从而成为人发明的单纯造物，人虚构想象并塑造的无本质的单纯造物。

　　两位巨擘，康德和费希特，将我们从这种无知与自大中解救了出来。只有费希特从根本上做到了。他们揭示了人类精神的更高机制，充分地在理智体系中阐释了在相互抵抗的中介中的运动理

论，因而在另一个领域获得了惠更斯（Huygens）与牛顿曾在他们自
[27] 身领域中获得的荣耀。这些新近的发现一劳永逸地遏制了人类精
力徒劳无功、百弊丛生的浪费；彻底阻断了去往谬误的一条道路。
自此后没有人会为理性狂热，或因理性狂热而得到原谅；没有人还
会妄想最终找寻到真正的卡巴拉（Cabbala），并借助文字与暗语唤
来存在者和生命力——如若某人痴迷于非知识的科学，而不妄图单
纯通过眯缝着鼻尖上方的两只眼睛寻觅福祉，对我们人类来说将是
真正的善行。

我将"真实之物"理解为某种先于且外在于知识的东西，某种
最先给予知识、知识能力与理性以价值的东西。

"觉知"*预设了某种可被觉知之物，而理性预设了某种真实
之物，即去预设真实之物的能力。不预设真实之物的理性是荒谬
之物。

[28] 通过理性人所被给予的并不是关于真实之物的科学能力，相反
仅仅只是关于它的非知识的情感与意识：关于真实之物的预感。

哪里丧失了通往真实之物的方向，哪里便不存在理性。这一指
示；这一将仅仅在预感中浮现于它眼前的真实之物视为对象、视为
一切认识欲望的最终目的的需要——便构成了理性的本质。理性只
关注隐藏在现象背后的东西，关注它们的含义，关注仅显露自身迹

---

* 本书将"Vernehmen"译为"觉知"，"Wahrnehmung"译为"知觉"，以示其关联
与差异。——译者

象的存在，这种存在确实不得不透过现象显露出来，若是这些现象不是幽灵本身或虚无的诸现象。

真实的存在者就像最后的目的一样，是理性唯一关注的对象。与之相对，理性设定了想象力的存在者。它不仅仅是将某些想象与另一些区分开来——比方说，将必然的想象与自由的想象区分开来——而且是彻底地区分开来。它将真实的存在者与想象力的存在者对立，正如它将清醒与睡梦对立。至于清醒与睡梦、想象与真实 [29] 的存在者之间直接确凿的区分，理性在这一点上要么成功要么失败。

只要人与显现在他周遭感官世界中的理性——以权能规定想象力的理性——割裂，只要他在睡梦或高烧中失去感知（*Sinnen*），他便丧失了理智。那么，他自己的纯粹理性，无处不在地居于他之中，却并未阻止他思考和设想那些最荒谬之事，并未阻止他将其视作确切无疑的。一旦他失去感知，他便失去知性，失去人的理性，正如接受真实之物（*Wahr-Nehmen*）*，对他来说已无可能；因为他有限的人类理性只不过是单纯的知-觉（*Wahr-Nehmung*），不论是内在的还是外在的，间接的还是直接的；但是作为理性的（对这个词的字面意义规定已然被给出）知觉被赋予了感知和目的；它是有序的、持续的、行动的、自由的完满预感。

一种不仅接受真实之物，而且单纯地从自身中产生一切真理的理性；一种自身便是真理本质并且自身当中便拥有生命之完满的理性——这样一种自主的理性、善与真的充盈，必然理所应当地存在，[30]

---

* 雅可比对知觉（Wahrnehmung）作了词源上的分析："Wahrnehmung"由两部分构成，即"Wahr"和"Nehmung"，前者意指真实，后者意指接受，由此知觉有"接受真实之物"的意思。——译者

不然善与真将无处存在，自然与一切存在者的根将沦为纯粹的虚无，理性的最后目的将是揭示这一伟大的奥秘。

毫无疑问我具有理性，正如毫无疑问我在具有这一人类理性的同时，并不具有生命的完善，不具有善与真的充盈。毫无疑问我在具有它的同时并不具有这一切，并且深知这一点，毫无疑问我深知存在一位更高的存在者，我的起源在他之中。因此同样的，我的箴言以及我理性的箴言，不是"我"，而是"超越我"，"优于我"！——一个完全的他者。

如果那位他不存在，那么我也不存在，也不愿存在！——诚然，我自己无法成为我自身最高的存在者……因此我的理性本能地将上帝告知于我。在无可抗拒的权能下，我心中的至高者指向一种外[31]　于我且高于我的至高无上者；它迫使我相信不可思维之物，赞同出于爱且凭借爱贯穿我的内外的概念上的不可能之物。

因为理性的眼中自有神性，眼前必然存在上帝，所以我们就认为它高于普通有感性的知性中的自我。在这层意义上，"理性是目的，而人格性只是手段"这一说法也就有其道理，可被视为真理。

"神，"备受敬仰的蒂迈欧（Timaeus）说道，"就在于他无处不在地缔造更完善者。"——善的起源与权能。

但是善——何为善？——若是上帝不存在，我便无法作答。

正如这个现象世界，若是它的一切真理尽在这些现象之中，而无任何更为深层的含义，若是除了那些现象便再无其他内容可揭示，那么它将沦为一个苍白的幽灵，在它面前，我将诅咒滋生这一怪物的意识，并如同一位神在它头上降下灭顶之灾。因此我称为善、美、圣洁的一切，对我来说亦将沦为一种叫我精神崩溃、撕心

裂肺的荒谬之物，只要我认为它在我心中，与一种更高的真正的存 ［32］
在者并无关系，而且在我心中它并不是这一存在者的唯一象征与映
像，若是我心中拥有的一切仅仅只是空洞的意识和诗篇。

因此我承认我并不知道善本身，而仅仅只有关于它的微弱的预
感。我声明，只要他们企图将渴望虚无的意志，这一自主的空壳与
绝对无规定性之中的自由强加于我。如果我反对接受它以作交换，
他们便指控我是无神论，是真正的不信神，那么我将感到无比愤怒。

是啊，我是无神论者和不信神者，是违背渴望虚无的意志的人。
这样的人会编织谎言，就像苔丝德蒙娜（*Desdemona*）在弥留之际
所做的那样；这样的人会撒谎欺骗，就像皮拉德斯（*Pylade*）冒充俄
瑞斯忒斯（*Orest*）时所做的那样。他们会杀害他人，就像蒂莫莱翁
（*Timoleon*）所做的那样；或是会触犯法律，违背誓约，像伊巴密浓
达（*Epaminondas*）或约翰·德·维特（*Johann de Wit*）那样；会自
我了断，像奥索（*Otho*）那样，会盗窃神庙圣物，像大卫（*David*）那
样——是啊，我会在安息日拾掇麦穗，只因为我饥肠辘辘，而且，法
因人而生，而非人因法而生。我就是这个不信神者，我鄙视那种因 ［33］
为这一点而宣称我是不信神者的哲学。我鄙视它以及它至高的本
质，因为我怀着最神圣的确信知道，违逆理性绝对普遍法则的纯粹
文字所犯下的罪，对其的赦免法权（privilegium aggratiandi），是人
真正庄严的权利，是人的价值与神圣本性的印鉴。

不用告诉我，我自己知道些什么，我对阐明的理解或许要优
于你，也就是若是要建立普遍有效且严格科学的道德体系，人们必
然要将那种渴望虚无的意志、非人格的人格性，不具有任何自我的
"我"的单纯的自我性——简言之，完全纯粹的、赤裸裸的非本质性

置于其根基之中。出于对科学稳步进程的爱，你必须，是的，你只能将良知（更为确定的精神）打入理性的人间炼狱，使其盲目地墨守成规、充耳不闻、笨口拙舌、麻木不仁；必须对其斩草除根，而这

[34] 些活生生的根是人的心灵——是的，你必须如此，以上苍为证，就像阿波罗与缪斯对你而言只是范畴一般确切！只有如此，普遍法则、规则才能绝对地无一例外，坚定不移的服从才有可能。只有这样，良知才能在任何地方、即使在它之外确切地认知，木制之手才能在教席上准确地、权威地指出所有道路的方向。

那么我是不愿任何普遍的、经过严格论证的、仅仅存在于与遍布于纯粹的理性体系之中的义务学说成立吗？我低估了这样一种训练的价值吗？否定了它的有用性吗？或者，我否认作为纯粹理性的道德学说出发点的原理的真理性与崇高性吗？绝没有！理性的道德原则，人与自身的一致性，他的统一性，是概念之中的最高原则，因为这统一性是理性的一般实存的、绝对且永恒的条件，故而

[35] 也是所有理性、自由行动的绝对且永恒的条件。唯有在它之中并伴随于它，人才能获得真理和一种更高的生活。但是这一统一性自身并非本质，并非真实之物。它自身，单就其自身而言，是贫瘠的、荒芜的、空洞的。因此它的法则绝不可能成为人的心灵，不可能真正地将他提升到自身之上；能做到这一点的也只有他的心灵，心灵是真正的理念——并不空洞的诸理念——能力。先验哲学不得从我的胸口挖走这颗心，然后在那个位置仅仅安上自我性的纯粹冲动。我不会让自己从对爱的依赖中解脱出来，不会单纯通过高傲而得到永福。——如果我在心里所能反思的、所能直观的至高者，就是我的空洞而纯粹、赤裸而单纯、拥有自主性和自由的"我"，那么反思

性的自我直观于我而言便是一种诅咒，因此理性也是这样——我诅咒我的存在。

———————————

在这里，我不得不暂时搁笔，不然就把这封信写成了书。我绝 [36] 不会贸然发表那些我草草写下的关于道德的言论，如果通过文章，至少只言片语，我都未能以恰当的方式触及这一主题的话。因此我希望你可以出于友谊，也为了避免你用那种我认为带有攻击性的方式对我进行曲解，请你翻阅一下我的文章，应我的请求重读我此刻指出的段落。(1)我在《论斯宾诺莎的学说——致门德尔松先生的书信》新版序言中插入的"关于非自由与自由的格言"*。(2)《阿尔维信札》注释，第 17—19 页，以及本书的第 295—300 页。(3)《沃尔德玛》第一部分，第 138—141 页。浏览完所有这些文字几乎花不了你半个小时，因此请你对我稍加迁就。①

这些文字同样也能证明康德式的道德法则对我而言不过是与 [37] 我们自身一致的必然的冲动，亦即同一性法则。我不理解怎么会有人认为定言命令中有什么神秘莫测的或不可理解的地方，事实上关于它的推演如此容易（《论斯宾诺莎的学说——致门德尔松先生的

———————————

* 附录名为"论人的自由"，见后文。——译者

① 由于这封信因其特有的关系，可能会面对许多不熟悉我著述的读者，或者至少手头上没有我著述的读者；由于他们参阅这些述及的章节对我来说很重要，所以我将其收录在仅占几页篇幅的附录中。除此之外，人们还将发现一些摘自关于康德道德法则 [37] 的信的节选，这些节选也被附在致费希特的信中。我希望通过将其公之于众，我能够消除他人的妄想，以防人们认为我与这位柯尼斯堡的智者的冲突根本就不是冲突；认为我对他的理解有误，或是诸如此类。

书信》序言，第33与34页）。然后他们还着手利用这一不可理解之物，使理论理性的鸿沟成为实践理性法则的现实性条件。我还没有遇到哪个哲学中的内容比这更令人恼怒了。所以，想象一下在你出版的《论学者的使命》一书中的前几页，我看到在这一主题上与 [38] 我最为一致的观点时是多么的欢欣雀跃。

但是出于这一原因，我之前乃至于后来也没能让这种对同一性的冲动成为我的最高本质，没能将爱与崇拜倾付与它。

而且，无论从哪个方面看，我仍然还是那个在《论斯宾诺莎的学说——致门德尔松先生的书信》中——从知觉的奇迹与自由不可探究的玄秘出发，因此与其说不敢将自己的哲学根植于致命一跃（salto mortale），不如说不敢鲁莽地将自己非哲学的顽固暴露在世人眼前——的人。

由于在自然的机械作用之外，我目之所及皆为奇迹、玄秘与预示；我站在虚无、绝对的无规定者、全然的虚空——这三者实为同一物：柏拉图式的无限者！——面前胆战心惊，当其作为哲学的对象或智慧的目的时尤甚。然而当我探索我与非我的本性的机械作用，我得到的仅仅是虚无本身；我被居于我先验本质中的它这般烦扰，[39] 这般裹挟，这般侵袭（可以说就我个人而言），以至于为了将无限者抽空，我甚至不得不想要将它填满，作为一种无限的虚无，一种纯粹-完全-彻底的-自在-自为（*reines-ganz-und-gar-an-und-für-sich*），如果这并非完全不可能的话！我要说，因为这就是我的性状，关于真实之物的科学的性状，或者更准确地说，是真正科学的性状。所以我不明白，就个人趣味而言，为何我不能认为我这种关于非知识的哲学优于关于虚无的哲学知识，尽管只是为了逃离虚空（in fugam vacui）。毕竟与我对峙的只有虚无而已；也只有幻想能与之相比。

真的，亲爱的费希特，若是你或其他任何人想要宣称我是在用幻想主义反驳被我痛斥为虚无主义的观念论，我都不会恼火。我已经将我的非知识展现在所有著述里。在我的非知识中，我如此怡然自得地与知识相伴，如此通透彻底，以至于我完全可以对单纯的怀疑论者不屑一顾。①——像某些人那样，自童年起，我便已经以严肃的态度为真理而斗争。像某些人那样，我也感受过自身的无 [40]能——而我的心也因此愈渐温柔——是的，极其温柔，我亲爱的费希特——而且我的声音如此之温柔！正如作为一个人，我对自己饱含深情，故而对他人也是如此。我不费吹灰之力便可保持耐心，但是不费吹灰之力保持耐心却让我付出沉重代价。大地将轻柔地笼罩于我之上——这一天指日可待。

当我写下这些时，我的心变得愈加温柔了。我想要动身朝你狂奔而去，与你四目相对，坦诚相见，向你袒露我的灵魂。这便是我阅读你在打印的信函下方手写的那几行文字时的感觉，它们深深地打动了我。然而你文中的话，甚至更加令我感动和震撼。被你满怀信赖握住的手，也友好地捏了捏你的手，以示回应。事实便是如此，即使我不得不称你的学说为无神论，就像斯宾诺莎的学说一样，但就我个人而言，我仍然不会由此视你为无神论者、不信神者。任何知道如何真正将自身及其精神提升到自然之上的人，任 [41]何将自身及其心灵置于所有低级欲望之上的人，都能与上帝面对面相见，宣称他仅仅只是信仰上帝是不够的。而且，如果他的哲学是无神论，如果自然理性称一个无人格的上帝为一个不存在的上帝，

---

① 《阿尔维信札》，第306与307页。

为荒谬之物，而根据自然理性的判断（我相信其为真），他的观点是无神论，甚至如果他想让他的体系被冠以"无神论"之名，那么他的罪仍然只是一个思想物，是技艺者的拙劣性，从概念和字面上说，是沉思者的错误，而非人的错误。这样一个人能否定的不是上帝的本质，而只是上帝之名。这便是我在《驳门德尔松的驳斥》（*Wider Mendelssohn*）中撰写下述段落时对斯宾诺莎的看法："唉，痛苦啊（Eh proh dolor）……愿你为我祈福。是的，你这伟大的、神圣的《降福经》（*Benedictus*）！因为，不论你对至高存在者的本性进行什么哲学描述，不论你将迷失在何种文辞之中，他的真理就在你的灵魂之中，他的爱就是你的生命。"①

---

[42]　① "何为你的上帝，你这个公开宣称并且不厌其烦重申'宗教仅仅只是手段'的家伙。只有愚昧之人与狂热之徒才将其视为目的吗？对你来说他，你的上帝，除了在服侍你的肉体——不管在哪，它都是重要的事——时充当支撑你灵魂的单纯工具，还能意味着什么。其实，仅仅只是外在的需求，一种兴趣与欲望的精巧的秩序，最终构成了你全部的哲学，构成了你过誉的智慧。而宗教只是作为廉价的辅助被附加于这一精巧的秩序上。她应该感到庆幸，在这种情况下我们仍然认为她可堪一用。如果我们能够在不采用上帝之名的情况下维系我们的社会关系，建立我们的理论，那么，将我们无知与无能的这一惹人生厌的权宜之计抛弃吧；将这件单纯占用空间、乏善可陈、碍手碍脚的家具抛弃吧……"

"相反，如果宗教和德行是人类的最后目的，是最高的善，如果它们作为精神国度中原始、普遍和永恒的动机，过于高贵与崇高，以至于不可能只作为机器的齿轮朝着那些暂时的目的旋转运行，那么，若是人们想要让这些动机承载那样一种机器沉闷笨拙的重量运行，甚至于，想要激发它们，产生它们，就必然会显得荒谬至极。每当人们以这[43]种本末倒置的方式忙碌，国家就必然摧毁宗教，宗教也必然摧毁国家。祈求上帝存在只为了让他捍卫我们的财产，确保我们屋舍俨然，向我们提供舒适的生活，便是偶像崇拜者对上帝的亵渎。"

"真正的、神圣的宗教绝对无意于沉溺俗世。它亦无意于统治人间，致力于此的是另一种精神，居于这种精神中的也是另一种信仰。历史的每一页篇章都印证了这一精神所滋生的恶。"嘲弄宗教的人嚷叫道："看吧，你的上帝，你对上帝的侍奉！"愚昧的教士斗志昂扬地力图一雪前耻。他妄图拯救上帝，实则他只是在拯救撒旦，其中（接下页）

斯宾诺莎的宗教（他的哲学完全将自身展现为宗教，展现为关 ［42］
于至高存在者以及人与它的关系的学说）与费奈隆的宗教之间的深 ［43］
刻一致性已经被多次提及，但它从未以囊括一切哲学的方式得到贯
彻。肩负这样一项任务很早以前就成为了我的心愿。这里，我只会 ［44］
指出，由自称哲学家与宗教导师的人构成的庞大族群所提出的指
责，不论是以无神论还是神秘主义的罪名，不论以狂热主义和无意
义的哪一种情况，在一切时代直至末日都将波及任何一种就"人是
自然的"而言要求人通过精神超越自然、超越自身的哲学，不论它
呈现的是何种形式。这一指责不可避免，因为人类不可能超越外在 ［45］
于他和内在于他的自然，除非他通过精神提升到他的理性——世俗
的理性——之上，直至自由的概念。

　　至于这一超越理性的自由概念，它该如何定义，它包含什么，
它的预设与结论，我们几乎很难达成完全统一的意见。①

　　因此，当我们以大致相同的方式对宗教与偶像崇拜进行区分
时，我们之间也会出现某种分歧。

────────────────

（接上页）那个最黑暗的撒旦，那个一路奔命剑指天堂的撒旦。

　　"如果人们将历史、经验与理性总括起来，谁能否认宗教若是充当外在的手段，不
掺杂迷信与狂热主义，便将失去效力。然而如若掺杂，便会滋生单纯的恶。因此，只要
我们的教士宣扬的不是那种纯粹、神圣与内在的真正的教义，不将其余的一切单纯交托
给上帝，只要他们指引我们仰望天空只因为它润泽大地（因而将精神拉低到朽木粪土的
层次），只要他们只想用光亮装点黑暗，不将撒旦一网打尽，反而劝他达成一致的契约，
让他与神性结交为友，我便将如此长久地憎恨他们，甚于憎恨否决上帝的人。这个否决 ［44］
上帝的人至少向我揭示了人类最高的善之所在，他并不想欺骗我，也并未欺骗我，他给
予我他纯粹的真理，比起诅咒他的人，或许要虔诚十倍。"

　　"关于敬畏上帝所说的一切亦适用于德行。谁无法相信它自身，无法把握它超越尘
世的本性，尊重它本质上的独立性，谁就会断然否认道德的存在。因为他不得不依据真
理予以否认。"（《驳门德尔松的驳斥》，第84—89页。）

　　①　参见增补Ⅱ。

　　在这个问题上，我已经在一篇尚未发表的文章中阐述了如下主张：

　　"为了找寻上帝以及上帝喜悦之物，一个人的心灵和精神中必然已经怀有上帝和上帝喜悦之物，因为尚未以某种方式为我们所知的东西，我们无处可寻，之后也无法探究。但是我们知道上帝以及他的意志，因为我们来源于他，以他的形象降生，是他的子嗣和族[46] 人。上帝居于我们心中，我们的生命隐藏在上帝之中。"如果他不是以这种方式显现在我们面前，通过形象直接地在我们最深处的自我之中显现，那么还有什么能向我们昭告他的存在？图像、声音，还是那些仅仅让我们认识已然理解的东西的迹象？精神向精神问道：是什么呢？

　　"按照他的形象造物。居于我们心中的上帝，这是我们所拥有的关于他的信息，也是唯一可能的信息。通过它，上帝以一种有生命的方式向人启示自身，生生不息，恒久不变。借助外在现象的启示，不论你冠以何种称谓，至多也只能与内在的、源始的现象相比，正如语言只能与理性相比一样。我只能说：至多。对此我还将补充：一个虚假的上帝不能自为地存在于人的灵魂之外，正如一个真实的上帝不能在人的灵魂之外显现。就像人感受并构想自身，他也这样表象神性，只不过以更为有力的方式。由此，人的宗教总是与他们的德行和道德境界具有相同的性状。法兰西国王约翰二世统治时期，一位声名显赫的统帅在他的旗帜上刻下这一箴言：上帝的[47] 朋友，众生的敌人。*这位"上帝的朋友"心里想的则是：为己牟利，

---

　　* 原文为法语：L'Ami de Dieu, et l'ennemi de tous les hommes.——译者

抵制一切。只有通过道德的高尚，我们才能企及至高存在者的尊贵概念。除此之外，别无他途。不是所有对神的敬畏都能摒除恶意和罪孽。为了有所价值，敬畏自身必须成为一种德行。当其成为德行，它便预设其他一切德行，是最崇高、最优美的德行——就像它们积聚的所有冲动以及整体力量的迸发。因此，我们拥有的上帝在我们心中已成了人，而且，即使我们得到了更高明的指示，也不可能认识任何其他的上帝；因为我们还没有理解任何其他的上帝？智慧、正义、愉悦、自由之爱，不是形象，而是力，我们只是在应用中、在自身行动中获得了这些力的表象。因此，人必然已经利用这些力实施过行动；在任何关于真上帝的指示得以传达给他之前，他必然已经获得了德行和德行的概念。我重申一遍：上帝必然诞生在人的心中，若是人想要一个有生命的上帝，而非一个神像；他必然合乎人性地诞生在人的心中，不然人不可能对他有所感知。所谓上帝将由此单纯沦为虚构的非议，简直不能再荒唐了。而且，当唯一真实的上帝是清晰可辨的，非虚构的上帝又具有何种性状呢？" [48]

因此我作出以下论断：人类寻找上帝，因为他只能在上帝之中寻找到自己；他于自身而言玄妙莫测，因为上帝的存在必然于他而言玄妙莫测。必然！否则居于人心中的将是一种高于神的能力，而上帝则不得不由人创造而来。那样的话，上帝将仅仅只是某个有限的存在者的思想、某种想象之物，而且不论如何，单纯持存于他自身之中的至高存在者，不会是其他所有存在者的自由的造物主，不会是开端和终点。事实并非如此，因此一旦他拒绝以一种不为其理性把握的方式，在作为其造物主的上帝之中寻找自身，一旦他想要把他自身单纯奠基于自身，他便要失去自身。那样的话，一切都将

逐渐因为他而消融在他自身的虚无之中。然而，人有且只有这一种
[49]　选择：虚无或上帝。如果他选择虚无，他将使自己成为上帝，也就
是他将幽灵转变为上帝，因为若是不存在上帝，人和周遭的所有事
物将只可能是一种幽灵。

　　我在此重申：上帝存在（ist），且外在于我，是一种有生命的、
自为的存在者，不然我就是上帝。不存在第三种情况。

　　如果我不去寻觅外在于我、先于我且高于我的上帝，以至于我
不得不将他设想为自身存在，那么鉴于我的自我性，我自身完全就
是这个所谓的存在，而且我最初和最高的命令便是我不应拥有其他
任何外在于我的诸神，也就是外在于这一自我性的诸神。于是我明
白且深刻地理解了，为何愚昧迂腐的、根本而言无神论的、对某个
外在的存在者的偶像崇拜，仍然会在人们当中产生；在挖掘这一妄
念的根基之际，我通过演绎和建构，彻底地将之摧毁。

　　但是当我通过理解这一妄念以便将其抹灭，当我抨击这一偶像
崇拜，我同样也必须斩除与之关联的一切。我必须将爱的宗教、榜
[50]　样的宗教从我的灵魂中清除；嘲笑任何因更高存在者而产生的刺激
和灵感；在心中摒弃所有虔诚和所有崇拜。

　　这样一种救赎离我太远了！果决地、公然地，不存在一丝的犹
疑，我将选择仅仅只是外在的偶像崇拜，而不是那类对我来说太过
纯粹的、向我展现为自我神化的宗教。如果有人想说我的弊病是反
宗教，或者说这一弊病的后果亦即迷信（Aberglaube）——无神论，
那么，对付那些拿无神论不可调和的"非我即你"质问我的人，我
会明确地选择"你"，这样便可息事宁人。但是和你，我的朋友，我
不会陷入这种境地，因为在你的《告公众书》（*Appellation*）（第 61、

62 页）明确宣称迷信并不会绝对地将道德摒除在外，因此也并不会将对上帝真正的敬奉摒除在外。至于我，我同样也已经承认，那种非感性的偶像崇拜设定了概念、思想之物、普遍性，以替代有生命的上帝（我几乎可以称之为"带有形容词的"（*Adjectivo*）偶像崇拜），而它并未摒弃道德以及与之不可分割结合在一起的真正且内在的宗教。此处否定了有生命的上帝——但也只是口头上的否定。 ［51］

　　不论如何，涉及迷信和偶像崇拜，我的观点就是如此。在从事偶像崇拜活动时，我是否采用了由木材和石头制成的塑像，是否利用了仪式、奇事、礼节和祈祷，抑或是否采用了哲学的纯粹概念（*durch-und-durch-Begriffen*）、文字的贫乏本质、想象的空洞形式，结果都是一样的：不论我以这种或是那种方式使形象成为事物，我采用的仍然都是迷信的工具，都是在向我自己掩饰每一个真实的目的。我经常告诫某些虔诚之人：你不愿借助撒旦表演巫术，然而你却借助了上帝，因为你的宗教不过也是由可见的与不可见的巫术道具堆建而成，而且根本上仅仅只是针对魔鬼实施的固定戏法，是在与其竞争。然而，某些人可恶的迷信以及其反智的观点已经触怒到我，他们令我不胜其烦。可即使是在这些人当中，我还是发现了某些人，对他们来说，这一迷信，这一非理性的专横，以及与之相关 ［52］的狂热的偶像崇拜，仅仅只是停留在口头上。尽管他们逞口舌之快，异想天开，但在他们的心灵与精神深处，他们还是着眼于真实之物。然而，对他们来说，将这一真实之物与非理性的话语和形象区分开来并不可能，确确实实地不可能，因而这区分显得荒谬且亵神。人们或许可以要求他们不通过话语和形象来思维，并且将所有个别之物、所有称之为"形象"的东西与其表象、感觉和情感割裂开来。然而，因为最杰出的或者说最纯粹的哲学家也无法做到这一点。若是一切无法在思想中被切实地毁灭，无法升格为纯粹的空洞与空洞的纯粹这两个不可能的纯粹概念——并且真正的、永恒的快乐单纯寄寓在这一升格之中，那么我认为，我们不应该让这些关于偶像崇拜和迷信的控诉如此轻易地脱口而出。人们同样也会反过来指责我们无耻地站在制高点，俯视邻人的轻微过失，而我们自身背负着更重的罪孽，因为我们的成就、我们的意图和能力就是让这

[53] 片真实之物的大地荒草丛生——这片大地已经被世间的各个族群以自己的方式摆上祭坛加以标记——并且还要撒盐其上。依我之见，若是我们先坚定地说服自己相信，然后再努力说服别人相信，那么我们将会高明百倍。"不是神像缔造了神像的仆人，亦非真正的上帝缔造了真正的崇拜者。因为如果是上帝缔造了真正的崇拜者，那么我们每个人都应该无一例外，而且每个人都应该一样，因为真正的上帝的在场自然会是一种普遍的在场"。①

　　得以不断见证这一在场的人是有福的。对这种人而言，"以有生命的上帝为证"这则古老的宣言，每时每刻都是真理的最高原型。谁用那堕落之手触碰这一信仰崇高神圣的单纯性，谁便是人类的敌人，因为没有任何科学、艺术，抑或天赋，可以弥补那些随之丧失的东西，不论它被冠以何种称谓。相反满怀着这一信仰的崇高、神

[54] 圣与真理性的仁爱的行善者，绝不会忍受它被这般糟践。他的手变得强而有力，当他再次将这位唯一有生命的、真实的存在者被掀翻在地的祭坛高高供起。只有他伸出了手，而离经叛道者的手则缩

---

① 摘自上述尚未发表的文章。参见增补 Ⅲ。

了回去。这才得以延续至今，而且将永远如此：他不会老去。①

请不要让我为该信的篇幅致歉。反而我认为我至少应该为在此收笔而请求原谅，因身心俱疲，我更多的是以不完整的狂想诗的形式向你陈述我有关非知识的学说，而非给出哲学性的阐释。但是我本身也没有承诺更多，而且说到底我只是觉得我的自爱被冒犯［55］了，自爱告诉我：毫无疑问，这一学说仍可进行更具哲学性的研究，而且也值得一试。任何一种哲学，无一例外，都在某种程度上烙上了奇迹（*Wunder*）的印记。每一种哲学都拥有独特的地界，其神圣的领域，神迹将会在那里显现，并且作为唯一的真实之物，令其余的一切都沦为累赘。趣味和品格在很大程度上决定我们朝其中这片或那片地界眺望时应该注视哪个方向。关于这一点，你自己已经恰如其分地作出过评述，当你（在《知识学新说》（*Versuch einer neuen Darstellung der Wissenschaftslehre*）的第 25 页）写道："一个人选择何种哲学，取决于他是何种人。因为哲学体系不是死气沉沉的家用器具，可以被人任意地拿起放下，而是由接纳它的人的灵魂赋予了生机。"——看到我引用了这段话，还称其为恰如其分，你或许会大吃一惊，因为紧邻的上下文（第 23—26 页）用辛辣的戏谑显露了你对我思维方式的不屑一顾，或者说至少显露了你的无动于

---

①　"……时间卷走想象的虚构，却认同自然的裁决。"西塞罗，《论神性》（*De Natura Deorum*），第二卷，第 2 章。

"的确，任何人都不应如此愚昧自大，认为理性与理智存在于他自身之中，却不存在于苍穹与宇宙之中，或是认为那些难以被人理智最高的推理能力把捉的事物完全不遵从任何理性的指引，还有什么比这一点更确凿无疑？其实，不被星辰的规律轨迹、昼夜的日常更迭、四季的徐缓轮转以及大地上给予我们滋养的作物触动而心生感念的人——这样的人，如何还能称之为人？"西塞罗，《论法律》（*De Legibus*），第二卷，第 7 章。（* 此两处雅可比引用了拉丁文。——译者）

[56] 衷，以及仅是稍加克制的嘲讽。可正是出于这一原因，我反而对这些段落更感兴趣，还可以借此机会指出，我通过撰写这封信展现了一种至少不惹人厌烦的精神力量。因为那些明确下达给我的严格指令——"不要谈论此类话题"——时常搅扰我的思绪，时常在我忙于阅读之际跳入眼帘，在我心中惊起波澜。而每一次给予我慰藉的，我已经明确阐述过了，那就是：我认为自己完全可以得到赦免。其实我深信，而且我凭个人经验知道，即使我们对人们一视同仁，但是在一般意义上发泄怨愤的时候，我们反而会在脑海中形成某个特定人物，并且被这一形象点燃怒火。然而，我们并没有将这一人物本身当作怨恨的对象，因为在内心深处，我们真切地感觉到，这一仇怨的症结……并不在此。——请给予我同样的礼遇吧，我亲爱的费希特，如若你发现我在这封信中的某处表述有点过于激烈，那

[57] 么还请你原谅我，就像我原谅你一样。我在行文中特意加重了落笔的力道，并赋予其最为鲜亮的颜色。这样一来，什么是需要着重凸显的，便可赫然醒目。而且，什么仅仅只是我们之间的误会，什么确实是对立的思维方式，亦可尽可能地利落分明。

　　愿你一切安好！我发自肺腑地将祝福献与你，正如在我心底，我是你的朋友，是真正仰慕你的人。

F. H. 雅可比

1799 年 3 月 21 日

增　　补

增补 I

　　"所有知识的本源是有生命的实存，并且所有有生命的实存都源于自身，它们是进展性的、生产性的。一条虫如果没有按照它的生命原则进行联结以及产生它的状态表象的想象力，它的蠕动、它迟钝的愉快与不快之感都不可能生成。现在，存在者以这种方式产生的可感知的实存越是丰富，这样一个存在者就越有活力。"

　　"抽象和语言的官能唤起了对更完善的知觉与更杂多的联结的需求。理性世界由此而生，在理性世界里符号和语词取代了实体和力。我们通过撕碎宇宙来占有宇宙，并且创造了一个与我们能力相适应的、但与现实世界完全不相似的图形世界、观念世界、语词世界。我们完全可以理解我们创造的东西，就它是我们的创造物而言；但我们不能理解任何无法以这种方式创造出来的东西。我们的 [62] 哲学知性并不超出它自己的创造之外。但是，一切理解是这样发生的，即我们设定了区别，再又将其扬弃；甚至发展得最为极致的人类理性也只能这样运作，其他剩余的一切都将回溯于此。知觉、再认识、理解按递升次序构成了我们理智能力的全部范围……"

　　"如果我们能够根据序列来展示对象的条件，即在整体联结中将其由最近的原因推导出来，那么我们就理解了该对象。以这种方式洞见或者推导出来的东西向我们展示了一种机械性的联结。例如，如果我们清楚地知道如何表象圆的形成和物理的机械论，我们就理解了圆；如果我们已经现实地认识到人的知性在判断和推论时所服从的法则、它的物理性和机械性，我们就理解了三段论的公式；

或者如果我们清楚变化、一般概念的构造以及它的物理性和机械性，我们就理解了充足理由律。^①一般概念的构造是一切构造的先天成分；同时对这种概念构造的洞见允许我们完全确切地认识到：我们不可能理解我们不能构造的东西。因此我们对这些东西的质无法拥有概念，而只能拥有直观。甚至我们对自身的实存也只有情感，而没有概念。我们只有关于图形、数、位置、运动以及思维形式的真正概念。当我们说我们研究了质时，我们只是在说我们将质还原、分解为了图形、数、位置和运动，因此我们在客观上是消除了质。由此我们不用进一步论证就能很容易意识到，为了产生这个世界的实存之可能性的清晰概念，理性付诸的努力在任何一种情况下都必将是这样的结果。"

---

　　①　我赘述几句：在接下来的增补中，以及在《致费希特》中，凡语词"机械论"（Mechanismus）或"机械的"（mechanisch）出现之处任何一个必然的联结都必须通过它们获得理解。广义上，"机械的"这一概念囊括了一切必然根据因果律而出现在时间中的事物。因此，这涉及不论是化学的、有机的，还是心理上的作用方式——简言之，一切单纯显现在自然过程中并被归因于其力量的事物。

　　康德（《实践理性批判》，第173页）说："人们可以把时间中的种种事件的所有必然性都按照因果性的自然法则，称为自然的机械作用，虽然我们的意思并不是指那些服从机械作用之物必须现实地是一些物质的机器。在这里我们只是当种种事件按照自然规律发展时着眼于它们在时间序列中的联结的必然性，我们现在可以把这一过程发生于其中的那个主体称为物质的自动机（Automaton materiale），因为这个机器是由物质推动的，或者依莱布尼茨，称为精神的自动机，因为它是由表象推动的，并且如果我们意志的自由无非是后一种（例如说心理学性的和比较性的，而非同时是先验的，即绝对的）自由，那么它从根本上也丝毫不比一个旋转烤肉叉的自由好到哪里去，后者一旦上紧了发条，也会自行完成它的行动。"（＊此处引文在科学院版《实践理性批判》的第97页，即AA 5:97。部分强调为雅可比所加。——译者。）

　　我不认为会有谁将上述我宣称的"圆的生成的机械论"仅仅视为"利用圆规机械地画一个圈"！

[65]

增补 II

"是人占有理性, 还是理性占有人?" 十年前我在《论斯宾诺莎的学说——致门德尔松先生的书信》的附录中提出了这个听上去很奇怪的问题, 这个问题随后被其他人作了各种更改, 或者更确切地说, 他们以不同的方式对它进行了更改。甚至康德在他的《德行论的形而上学初始根据》(*Metaphysische Anfangsgründe der Tugendlehre*) 也对其进行了运用, 他这样说道:"因此德行, 在其完全的完善性之中, 被表象得不像人占有德行, 反而像是德行占有人。"*

　　以上问题中指明的区别, 也就是实质上的理性, 或者说人的精神本身, 与并非自为的存在者而仅仅只是存在者的属性和性状的附[66]　属理性之间的区别 ① —— 在我看来, 这一区别必然被视作自由学说

---

　　*　此引文位于科学院版《德行论的形而上学初始根据》第 406 页, 即 AA 6：406。——译者

　　①　"如果人们把理性理解为人的灵魂, 仅仅因为它有着清晰的概念、用这些概念做出评判、引出推论, 继而又建立新的概念或观念, 那么理性就是人逐步获取的一种特[66]　征, 一种他使用的器具, 在这层意义上, 理性归属于人, 这好比作为人交谈工具的语言, 一种想出的东西, 人使用它而它归属于人。"

　　"但是如果人们把理性理解为认识的一般原则(直接设定自身的、自在自为的存在者), 那么理性就是构成人整个生命本性的精神；人由理性构成, 在这层意义上, 人是由理性预设的形式。"

　　"这样一种分解或分离只能在观念中发生。如果人们考察现实的人, 就会发现他的理性意识以自身与陌生之物, 接受性和自发性, 或内在与外在, 自我与他者, 必然之物与偶然之物, 无条件者与有条件者, 时间性的和非时间性的东西, 自然之物与超自然之物的不可分割的统一为根据：在反思中同时将自身表现为必然的和不可能的统一, 以及理性存在者本身或者理性存在者的自身存在——非受造物和创世的奇迹与秘密；上帝与创造物的奇迹与秘密。"参见《论斯宾诺莎的学说》, 第 422 页—432 页。

的根基，否则这一学说将只是一张由欺骗性的言语和想象编织而成的空洞诡辩的网，经不起细致的推敲。

这一区别也切实出现在了康德哲学之中。然而它仅仅只是在那里一掠而过；它显露行踪很快又再度隐没；正是出于这一缘故，精神才承受不住科学的探讨，因为它无法形成文字。因此它——精神——必然仁立于科学的门外。凡科学所在之处，精神自身都被拒之门外。由此我们能够确信，不论是谁臆测自己阐明了精神，实际 [67] 上他总是在有意或无意地，阐释另一种东西。换言之，我们力图将精神转化为文字，则必然会将其摧毁，而且任何伪装成精神的文字都是一个谎言。它是一个谎言，因为它从来都不是精神的文字，亦没有将该称号授予自己；从这一点来看，它便是单纯的欺骗，因为真正的精神不会形成文字。但是文字确实也具有一种精神，这种精神就叫作科学。

这里我不该再循着这条线深挖下去了。现在我直接切入到我对自由概念的定义。

关于"自由"一词，我的理解是人的一种能力，这种能力使人是其所是，使人在自身之内与自身之外自主地行动、起作用与生产。鉴于他将自身看作自由的存在者，感觉且认为自己是一个自由的存在者，故他将其人格的属性、其科学与艺术、其理智的与道德的品格尽皆归因于自身；至此，他便将他自身视为它们的发动者，视为它们的创造者，而且，单纯就此而言，他才会将他自身（精神、理智）而不是将自然（就他本质的一部分而言他必然地来源于自然，他与这一部分同属于自然，与自然的普遍机械作用缠结交织在一起）视为它们的发动者和创造者——至此，他称自己是自由的。因此，只有当他以 [68]

及他存在的一部分不属于自然、不源于自然且不由它承载时；只有
当他通过从它当中区分出自身而将自身提升到它之上，对其加以利
用与掌握，让自身从它之中解脱出来，发挥自身自由的能力克服其
机械作用，使其产生效用时，他才能称自己是自由的。只有精神，而
非自然，能够有目的地进行发明和生产；只有它才能够创造和追求。
自然的生产只是盲目的、非理性的、必然的、纯机械式的，① 不具有神
意、计划、自由选择或目的。因此同样的，在我们的意识之中，理性
与自由不可分割地联结在一起，以至于不仅自由的能力必然源于理
性（附属的），而且理性必然源于自由的能力（本质的）。

　　自然的必然性与自由在同一个存在者之中统一是一个完全匪
夷所思的事实（Factum），媲美创世的奇迹与奥秘。谁理解创世，同
样也能理解这一事实；谁理解这一事实，同样也能理解创世以及上
帝自身。

　　现在，一方面，理性，其本质仅仅存在于可被概念化的事物之
[69]　中，力求否定这一奥秘的现实性与这一奇迹的真理性，并且必然性
已然粗暴地规定了一切，不允许任何尚未发生的、尽管从根本上说
也不曾发生的事情发生。作为必然性的代表，理性忙于扫除奇迹与
奥秘这些障碍，即某种由世俗的无知（*zeitlicher Unwißenheit*）产生
的欺骗，它一步一步地将之驱逐，消除时间和事件。而另一方面，
内在的确定的精神同样宣称这同一种奥秘与奇迹的实在性与真理
性。它以所有理性推断都无法匹敌的权威之力迫使我们相信它所
见证的。它以自身的行动（*Tat*）证实它所宣称的，因为没有任何行

---

① 参见增补 I 注释。

动，即使是最细微的举动，能够离开自由能力的影响，离开精神的贡献而发生。

精神所贡献的是非机械论的要素，这种要素并不依循自然的普遍法则产生，而是源自人的行为、劳作和品格中的一种特有的力。如果人们否认这一精神的影响，以及它对自然的介入，那么，人们就是在所有地方都否认精神，而且取而代之的是，人们只设定了具有意识的自然物（*Naturwesen*）。于是这样一种意识只能产生表象，以及表象的表象；只能产生概念，以及概念的概念，它们是逐渐产生的，正如实体被设定在行动中并且以此方式行动。目盲之人走在前面；他引领着道路，而目明之人则追随其后。于是，蛮荒之地铸就了秩序和形式；愚昧无知之人铸就了感官与沉思，知觉与知性；丧失理智之人铸就了理性；死气沉沉者铸就了生命。无处不在地，[70]作品铸就了巨匠。

不管是谁，只要他此刻能够接受这一点，并且基于他世俗理性的结论，敢于声称荷马、索福克勒斯、品达、诗人奥西恩与克罗卜史托克；敢于声称亚里士多德、莱布尼茨、柏拉图、康德与费希特——所有这些诗人和哲人，不论他们的姓名为何，所有这些立法者、艺术家和英雄——他们这些人实际上只是盲目地、被迫地、按部就班地遵循因果的必然关联亦即自然的机械作用，完成他们的创作和壮举；并且声称理智仅作为单纯的伴随意识，只具有见证这一切的作用——我想说，不管是谁，只要他接受了这一点，并使其成为他的真理，我与他就无须再进行进一步的争辩了。

我们可以强行将他绑在逻辑的刑架上，迫使否定了自由的他承认他并不是在受迫的情况下作出这一声明；承认不论何时何地，他使用"自由"一词时指的始终都是机械论的唯物主义原则，一种源始的单纯无规定性的活动本身，一种自发性或灵活性（此外，他或许也会证明、承认，可能的话甚至体验到诺斯替派对任何有形之物或感性事物的某种厌恶）。

[71]　　　一旦他承认了这一点，我们就必须将他抛之脑后。哲学的公正再无法降临在他身上，因为他所否认的，不接受严格的哲学论证；他所证明的，不接受严格的哲学反驳。

　　　相反我们则主张：说一切皆为自然，无任何自由，这是不可能的，因为唯一使人变得崇高和得到升华的东西——真、善、美——不可能只是幻觉、欺骗和谎言，而若是不存在自由，事情就会是如此。若是自由和自然不可能共同居于一个存在者之中，不可能其中一个纺线而另一个来编织，那么真正的敬重、真正的惊叹、真正的感激和爱，都将成为不可能。机械或自动装置（不管是精神上的还是身体上的，都毫无分别）不可能敬重任何人，不可能爱恋、感激，或哪怕仅仅只是赞赏任何人。每当我们赞赏机械，赞赏自动装置，我们仅仅只是赞赏隐藏于其中的技艺，通过洞见与目的将其产生出来的精神。那些感觉只与这种精神相关，它们仅仅且完全与一种非机械性地起作用的能力相关；与以一种概念上不可能的方式作用、规定和生产的能力相关——的确，从概念上说（或者从本性上说）是不可能的。

　　　如果你故意揶揄我，想要我在任何劳作、行为或人的品格中，区分出何者属于自然，何者属于自由，并且指出其中一方如何必然地区别于另一方，那么作为回应，我也对你提出要求，但是不带有

[72]任何戏谑，我想请你不要在任何你感受到赞赏、敬重、感激或爱的

情况中描述这种区分；请你不要在表象自然之有效性的同时表象自由的能力；请你不要将在你心中引起的那些感觉单纯与这一能力相关联。我知道这对你来说不可能。一旦你撇开这一自由的能力不论，一旦你真正地摒弃了它的预设，你就会失去这些感觉。

　　我向你诉说的这些毫无争议：自由的领域是非知识的领域。我只多说下面几句：这种非知识是不可克服的；它由此与另一种非知识区分开来，限制那种非知识的领域和统治更是理性的使命；理性必然是以完全征服它为出发点，以便逐步地使之屈服于科学。但是就像亚历山大大大帝一样，如果它曾看见自己达成目标的危害，它真的会痛哭流涕。*

　　如果对自由的信仰以那种理性断然地通过产生科学来消灭的非知识为基础，那么理性只有停留在稚嫩时期，与妄想和欺骗协调一致时才有益于人。当它逐步成长，趋于完满，死亡便完全从它之中衍生出来。这种死亡被称为科学与真理；科学与真理意味着征服鼓舞人心并赐福于它的一切，意味着改变他面貌、使他抬头仰望的一切——征服伟大、崇高、美的一切。

　　如果这一切没有发生；如果人心中的神圣之物不是妄想，如果 [73] 真理和纯净的理性是不神圣的，那么与对自由的信仰相关的非知识必然是一种截然不同的非知识。它必然是科学无法触及的真理之地。——"当把你脚上的鞋脱下来，因为你所站之地是圣地！"①

---

　　*　亚历山大大大帝（Alexander the Great，公元前 356 年—前 323 年），是古希腊马其顿王国国王，继承了其父亲腓力二世的王位。亚历山大大大帝在位期间建立了历史上疆域最大的帝国之一，并且一生在战场上从未落败。关于此还有一句流传的俗语："亚历山大哭泣，因为没有更多可征服之地。"——译者

　　①　旧约《出埃及记》3：5。——译者

[74]
增补 Ⅲ

我认为有必要在此分享正文中提到的一段相关论述——其上下文可在手稿中寻得——我将之从手稿中摘取出来。

"人如何存在，便如何去爱；人如何去爱，便如何存在。爱的要素是：纯粹的愉悦、敬重、惊赞；爱是特有的能力，借此善与美被人知觉，传达给人，被人所接受，并使他本身成为善和美的。因此不管在哪里，只要有真正的爱产生，善与美必然会被直观到，真理将进入到灵魂中去；因为爱居于这种直观中，且仅居于其中：那么爱就不会因为仅仅偶然唤起它的、独立于其表象自为地存在着的所谓对象，赢得或失去爱的德行。真正优美的爱完全存在于人之中，为人所拥有。涉及对象的谬误完全存在于人以外，未能玷污人的灵魂。偶像没有造就拜偶像者；真神没有造就真正的崇拜者：因为真神的在场终究是普遍意义的在场。

[75]   一位在嬉笑怒骂下隐藏着高贵思想与深沉情感的、善良且朴素的信差，曾经让他的阿斯穆斯（Asmus）向万茨贝克（Wandsbeck）讲述他在学院里——他并非在此研读——听到教师说的话：哲学只能教授上帝是否存在以及何为上帝；没有哲学，人们就没有关于上帝的思想。信差进一步说道："可见教师现在只会说这些。实话实说，没有人会在暗地里称我为哲学家。但在我穿过深林时，没有一次不思考是谁能让树木蓬勃生长，是谁又能让我在如此遥远的地方微微预感不可见之物。我保证我能想到的就是上帝，我因之浑身战栗，又心生恭敬欢喜。"

在另一个场合他提到了一个欧洲人："他想前往观赏美国某闻名遐迩的瀑布。为此他和一名土著一起踏上旅途，后者作为他的向导。当这两个人行至终点，抵达瀑布，欧洲人睁大眼睛仔细端详，此时土著却垂着头俯下身去，匍匐在地许久。他的旅伴问他，为何这么做，又为了谁？土著回答道：为了伟大的神灵（Geist）。"

我的看法是：林中的信差确实在思考上帝，而在瀑布面前垂下头颅的土著在眼前、在心中都拥有一个真上帝。我甚至曾在愚蠢的 [76] 圣像面前宣称，一个虔诚的人，但凡他胸中的心脏在恰当地跳动，就能满怀最崇高的感觉、思想和本质性的真理，甚至神圣地以此为起点。但是如果人们跪拜在这种肖像面前，却不知道对于跪拜之人而言什么最重要，或者对它置若罔闻，反而只敬重肖像，那么这会是令人侧目的景象。但是鉴于一位哲学家单纯又纯粹的上帝概念，我将其排除在外。这位哲学家不为他的概念提供保证，因为他知道这个概念夸大其词，并且他也不会为这样一种概念提供保证，如果一个对象与之符合，却不能在哲学上获得保证的话。也就是说他也没有屈服于这种歧义的对象，他只是让它根据原因而存在，实际上又极为严肃地拒绝它的实存——他面对不确定的思想没有俯伏在地——太可笑了！因此他也没有满怀深情地屈膝跪在它的面前：感觉与姿态将折损他的尊严！他非常冷静，非常清楚自己在干什么。他直立着挺拔的身躯，面对他的神，以完全在场的精神立于他面前——只敬重自己。

但是对于这种景象，我们该如何称呼他使我们感觉到的东西呢？在此，神像和人这二者不是相互冲突的吗？但在此这二者完全是内在的。

[77]　　　"堂兄,"信差写给另一个人时说——我对此表示认同——"如果一个人出现在你面前,如此自命不凡,以挺拔的身姿屹立着,那么,请你转过身来,同情他吧。我们并不高贵,我们的幸运在于我们能够信仰更高贵、更美好的东西……谁不这么认为,不相信自己会比现在的样子更美好,谁就是在欺骗自己,并且因此是不完整的。"

　　　他曾经还说道:"对我而言,谁懂得何为正当之事,就必定……如果有一天我遇见这样一个人,我一定要认识他。我也想用明亮、清澈、安静的眼神,用沉默、非同寻常的意识将他穿透……大体而言,这样一个人或许无法使自己广博,但至少不会蔑视和唾弃他人。哦!自负和骄傲是一种怀恨在心的激情;过近的草与花无法繁茂生长。"

附　文

81

1 论人的自由

第一部分
人没有自由

I 所有于我们而言的可知之物，其实存的可能性以与其他个别事物的共存（Mitdasein）为依据，并且与之相关；我们对一个完全自为地存在着的有限存在者无法形成表象。

II 实存与共存的杂多关系所引发的结果，通过感觉在有生命的受造物中显现。

III 我们将受限于感觉的、有活力的、本性之内在的机械行为称为欲望（*Begierde*）或反感（*Abscheu*）；或者说，这种受造物的实存、其持存的内在条件与其外在条件的可感知的关系，又或者仅仅是存在于内在条件彼此之间的可感知关系，机械式地与我们称之为欲望

或反感的运动联系起来。

IV 我们将为有生命的受造物的各种欲望奠定基础的东西，称为它的本源的自然冲动（Trieb），它构成了这一事物的本质自身。它的任务在于维持和提升特殊本性实存的能力，本源的自然冲动就是特殊本性的冲动。

V 人们可以把这种本源的本性冲动称为先天的、绝对的欲望。个别欲望中的大多数只是这个不变的普遍欲望的偶然运用和变形。

VI 如果一个欲望归于每一个个体而不必区分种、属、性别，因为它们全都同等单纯地力争在实存中保持自身，那么这个欲望就可

以被称为先天欲望。

Ⅶ 如果有一种能力，它完全不受规定，那么它就是荒谬之物。但是，每一个规定都预设了已被规定的东西，它只是一个法则的结果和执行。因此，先天欲望也预设了先天法则，不论它的种属是首要的还是次要的。

Ⅷ 理性存在者的本源冲动就像任何其他存在者的冲动一样，要不懈地力求维持和提升特殊本性的实存能力，通过特殊本性上述的本源冲动才成为冲动。

Ⅸ 作为与其他所有本性不同的本性，理性本性的实存可以被称为人格性的实存。这种人格性的实存存在于特殊的存在者对其[83]同一性的意识中，而且一般来说是更高程度的意识的结果。

Ⅹ 因此理性存在者的本性冲动或者理性欲望必然致力于提升人格性的程度，也就提升有生命的实存本身的程度。

Ⅺ 一般的理性欲望或这种理性存在者的冲动，我们称之为意志。

Ⅻ 每一个有限存在者的实存都是持续的；它的人格性基于记忆和反思；它有限但清晰的知识基于概念，因此基于抽象，基于口头的、书面的或其他的符号。

ⅩⅢ 意志的法则按照协调一致、相互联结的概念即按照原理（*Grundsätzen*）行动；意志是实践原则（*Prinzipien*）的能力。

ⅩⅣ 理性存在者的行动，只要没有与他的原理保持一致，他就没有按照他的意志行动——他的行动，根据的就不是理性的欲望，而是非理性的欲望。

ⅩⅤ 通过满足每一个非理性的欲望，理性实存的同一性解体了；

因此仅仅基于理性实存的人格性受到了伤害，而有生命的实存的数

[84]　量也相应地减少了。

XVI 有生命的实存所具有的程度产生了人格（Person），这种实存的程度只是有生命的一般实存的一种类型和样式，并不是自身特殊的实存或本质。因此，人格归于自身的，不仅有那些按照原理在其中实现的行动，还有那些作为非理性欲望和盲目喜好的结果的行动。

XVII 当一个人被非理性的欲望迷惑，违背了他的原理，过后在感受到自己行为的恶劣后果时就会说："是我咎由自取。"因为他意识到了他本质的同一性，由此他必然将自己视作他所处的糟糕境遇的罪魁祸首，并必然在他自身当中经历一场最为难缠的纷争。

XVIII 实践理性的体系只要仅仅建立在一个基本冲动之上，那么它的整个体系就以这种经验为基础。

XIX 如果人只有一个欲望，那么他将根本无法理解"对与错"的概念。但是人有很多欲望，而且人不能以同样的尺度满足这些欲望，相反发生了无数这样的情况：如果满足了一个欲望，就消除了满足其他欲望的可能性。现在，如果所有这些不同的欲望只是唯一的源初欲望的变形，那么后者就会提供一种原则，按照这种原

[85]　则不同的欲望之间可以被相互权衡，由此确定一种关系。按照这种关系，这些欲望可以在不使人格与自身矛盾与敌对的情况下获得满足。

XX 这样的内在权利将通过机械的方式，凭借意识的统一性，在每个人心里不完善地建立起来。而外在的权利，即人们进行民事联合、自由地商议，无强制地给出决定的权利，它永远只是对在个

别成员中公开建立的内在权利的仿造。在此我参阅了所有已被我们掌握详细信息的民族的历史。

XXI 内在的权利依条件而定的较高完善性，只是机械论的延续和修正，而这种机械论只能造成较低的完善性。所有原理都依靠欲望和经验，而且这些原理就其现实地被遵循而言，已经预设了来自别处的确定的活动；这些原理绝不是行动的开端或者第一因。构建或现实地接受有效原理的天赋与技巧就好比接受表象的能力，就好比改造表象为概念的能力，就好比思想的生气与能量，就好比理性实存的程度。

XXII 一般原理的原则或者先天原则，是理性存在者的源初欲望，欲望保持自身独特的实存及人格，并征服侵害其人格同一性的 [86] 一切。

XXIII 对他人的自然之爱和行使正义的责任正是来源于这种冲动。理性存在者，作为理性存在者，（在抽象意义上的）无法与其他理性存在者区分开来。我与人同一，他与人同一，因此他与我同一。因此人格之爱限制了个体的爱，并迫使"我"不陷入孤芳自赏中去。但是为了避免上面这种情况在理论上膨胀到如此程度，以至于消除一切个体，使得人格中只剩下虚无，更为精确的规定就是必要的。这些在之前已经涉及，我们在此亦无意作进一步说明。对我们来说，在这条道路上获得一些清晰的洞见已经足够了：例如那些道德法则，即所谓的实践理性确凿无疑的（apodictisch）法则，是如何缘起的；而且我们可以断定与理性相关的简单的基本冲动，即便发展到它的最高形式也只能表现绝对的机械论而非自由，尽管自由的幻象会因为个体与人格时常的利益冲突，以及只有当与清晰的意识关联时才占据统治地位的不同幸福感，而显露出来。

[87]

第二部分
人有自由

　　XXIV 不可否认，一切有限之物的实存以共存为依据，而且我们不能对一个完全自为存在着的存在者形成一个表象；但同样不可否认的是，我们更不能对一个绝对依附着的存在者形成一个表象。这样的一个存在者本来必然是完全消极的；然而它却不能是消极的，因为任何尚未成为某物的事物不能简单地被规定为某物；在自身没有属性的事物中，没有什么能单纯通过关系产生出来，事实上，甚至连与它的关系都不可能。

　　XXV 但是如果一个完全中介性的实存或者存在者是不可思维的，是一个荒谬之物，那么一个单纯中介性的，即完全机械性的行动同样是荒谬之物。因此，机械论自在地只是偶然之物，并且纯粹的自主性（*Selbsttätigkeit*）必然无处不在地为它奠基。

　　XXVI 因为我们认识到，每一个有限事物在它的实存中，因而也在它的行动和激情中，必然地以他物为根据并与之相关；同时我们也认识到，每个个别事物服从于机械法则，因为就这方面来说它[88]的存在和作用是间接性的，它必然完全依赖机械论的法则。

　　XXVII 关于对事物的实存起中介作用的东西的知识，叫作清晰的知识；我们不能清晰地认识不允许中介的东西。

　　XXVIII 绝对的自主性不允许中介，我们不可能通过某种方式清晰地认识到它的内在。

XXIX 因此绝对自主性的可能性是无法被我们认识的，但是它直接在意识中显示出来的现实性是可以认识的，并且通过行动是可以证明的。

XXX 绝对的自主性可被称为自由，因为它能反对并且胜过那种构成个别事物感性实存的机械论。

XXXI 在有生命的存在者中，我们只知道人被赋予了自主性意识的程度，这种自主性自身携带着自由行动的使命和动力。

XXXII 因此自由不存在于无根据地作决定的荒谬能力中；它更不会存在于对有用之物的择优选择，或理性欲望的选择中。因为这样一种选择，尽管依据最抽象的概念，但仍然只是机械的；相反自由本质上体现在意志对于欲望的独立之中。

XXXIII 意志是被提升到一定意识程度的纯粹自主性，我们称之为理性。　　　　　　　　　　　　　　　　　　　　　[89]

XXXIV 事实上，所有人都承认意志的独立性和内在全能，或理智的本质对感性本质的可能统治。

XXXV 我们知道古代的哲学家，尤其是斯多亚学派的哲学家，不允许比较欲望之物和荣耀（Ehre）之物。他们说，欲望的对象可以按照愉快的感觉进行衡量，功利之物的概念可以在彼此之间进行权衡，而且一个欲望可以因为另一个欲望而被牺牲；但是欲望的原则与荣耀的原则完全无关，荣耀的原则只有一个对象：自在的人之本性的完善性、自主性、自由。因此，一切违背对它们来说都是相同的，问题一直只是：行动应该根据这两个无法比较的原则（它们绝不可能真的彼此冲突）中的哪一个发生？他们极为严格地只允许这样一种人被称作自由，这种人过着灵魂生活，按照他自己的本性

法则规定自己，因此只是服从自己并且总是自行行动。另一方面，
他们在另一些人中只看到了奴隶，这些人被欲望的事物规定，按照
[90]　这种事物的法则生活，并且臣服于它们。因此他们不停地被它们驯
化，为满足欲望而行动。

　　XXXVI 不论启蒙时代多么地超越了宗教狂热或爱比克泰德
（Epictets）和安东尼（Antonins）时代的神秘主义，我们都仍未触及
清晰性和深刻性，从而摆脱一切荣耀感。只要这种情感的火花残留
心中，就会有对自由无可置疑的见证，就会有存在于意志的内在全
能中的坚不可摧的信仰活跃在他的心中。人们可以矢口否认这个
信仰，但是这个信仰居于他的良知当中，有时会突然迸发，正如在
诗剧《穆罕默德》中的某一处，先知在心绪不宁之时返回自身，口
中念叨一句可怕的话："毕竟还有悔恨！（Il est donc des remords!）"＊

　　XXXVII 这种信仰不能完全地被否定，甚至口头上都不能。因
为谁会愿意成为别人眼中忍住诱惑不行龌龊之事，却在对利弊得失
（或对定言命令、对法则）的权衡中迟疑的人？我们也是以同样的方
式评判他人的。如果我们发现某人将快适置于有用之物上，或舍近
求远，或在愿望与抱负中自相矛盾，那么我们只会认为他的做法是
[91]　非理性的、愚蠢的。如果他玩忽职守，自甘堕落，如果他非正义且
暴虐成性，我们可以嫌恶他、憎恨他。但是我们不能彻底抛弃他。
但是，如果他故意否定荣耀的情感，如果他表现出容忍内心的羞耻，
或者不再感到自卑，我们将毫不仁慈地将他抛弃。他是我们脚下践
踏的烂泥。

　　＊ 此处雅可比引用了法文，出自法国哲学家伏尔泰（Voltaire）于 1736 年创作的五
幕悲剧《狂热，或先知穆罕默德》（*Le fanatisme, ou Mahomet le Prophète*）。——译者

XXXVIII 这些无条件的论断起源于何处呢？这些无限制的预设和要求又是来自哪里呢？这些预设和要求并不仅限于行动，还宣称拥有情感本身且不容置疑地要求它的实存。

XXXIX 我们是否可以推测，这些预设与要求的合理性基于一些公式（Formel），也可能基于对正确关系的洞见，以及命题"如果 A=B，而且 C=A，那么 B=C"的推论的真理性？斯宾诺莎就是这样证明了人是理性存在者，即使没有灵魂不死的信仰，仍宁愿去死而不愿靠谎言苟活。① 在抽象的意义上斯宾诺莎是正确的。一个具有纯粹理性的人去说谎或欺骗，就像三角形的三个内角不等于两个直角一样是不可能的。但是一个真正具有理性的存在者会被他理性 ［92］ 的抽象逼至死角吗？他会因为思想之物而被一个语言游戏这般彻底囚禁吗？绝不会！如果相信荣耀，如果人们信守诺言，那么与单纯的三段论精神不同的另一种精神就存在于人之内。

XL 我把这另外一种精神称为吐纳于尘世之中的神的气息。

XLI 这种精神首先在知性中证明了它的实存，因为没有这种精神，知性将是一个令人惊讶的机械论：它不仅可以使盲人为目明者引路，而且这种安排的必要性还能通过理性推论而被证明。当三段论规定了自己的前提，谁能够驾驭它呢？只有这种精神，通过它在自由行为与不可消除的意识中的显现能够驾驭。

XLII 正如这种意识恰好是如下一种信念：理智（Intelligenz）仅仅依靠自身就是有效的。它是最高的且是唯一为我们熟知的力；它也直接地教导我们信仰一个最原初的、至高的理智，信仰自然的理

---

① 《伦理学》，第四部分，命题 72。

智的发动者和立法者，信仰作为精神的神。

XLIII 当纯爱的能力在人的内心中发展时，这种信仰将首次抵达完满并且变成宗教。

XLIV 纯粹的爱？它存在吗？它如何得以证明，哪里可以找到它的对象？

XLV 如果我回答："爱的原则，与我们通过荣耀原则已确定的实存的原则，是同一个"，那么人们将坚信他有更大的权利坚决要求我对爱的对象作出阐释。

[93]　XLVI 那么我的回答是：纯爱的对象与苏格拉底眼中的对象是同一个。它是居于人之内的神圣的东西（θειον）。对这神圣事物的崇敬为一切道德、一切荣耀感奠定基础。

XLVII 我既不能构建冲动也不能构建它的对象。想要做到这些，我必须知道实体是如何被造的，必然的存在者是如何可能的。下文也许更能阐释我对它的实存所持有的信念。

XLVIII 如果宇宙不是神，而是造物；如果宇宙是自由理智的结果，那么每一个存在者的源初倾向（Richtung）必然是神的意志的表达。受造物中的这种表达是受造物的源初法则，而且履行这些法则的力必然在这法则中一同被给予。这种法则，作为存在者自身实存的条件、作为它源初冲动以及它自身的意志，不能与仅仅作为诸关系的结果且完全以中介为根据的自然法则相比较。但是每一个个
[94]　别的存在者属于自然，因此也从属于自然法则，因此有两种倾向。

XLIX 指向有限之物的倾向是感性的冲动或者欲望的原则；指向永恒的倾向是理智的冲动、纯爱的原则。

L 如果人们想要我进一步讨论这两种倾向，追问这样一种关系

及其理论安排的可能性，我有权拒绝回答，因为这一问题以造物的可能性、理论以及无条件者的条件为对象。而这两种倾向的实存及其关系需要由行动证明并且通过理性而被认识，就已经足够。正如所有人把自由归因于自己，把荣耀仅归因于拥有自由，他们也会把纯爱的能力以及对纯爱所具有的巨大能量的情感（自由的可能性依赖于此）归因于自己。所有人都想真正地爱德行，而非爱与德行相关的利益；所有人都想了解一种并非只是快适的美，并非只是快感的愉悦。

LI　我把现实地产生于这种能力的行动称为神圣的行动；并把这种行动的源泉和意向（Gesinnung）称为神性的意向。这些行动也伴随着一种无可比拟的愉悦：这是神在他自身的实存中拥有的那种 [95] 愉悦。

LII　愉悦是对实存的享受，就好比凡是威胁实存的事物必然伴随着痛苦和悲伤。愉悦的源泉是生命和一切活力的源泉。但是如果愉悦的影响只涉及暂时的实存，那么它自己就只是暂时的：动物的灵魂。如果它的对象是不变与永恒的，它就是神性本身的力量以及这种力量的战利品——不朽。

2 摘自《阿尔维信札》序言，
第 XVI 页，注释

　　我将直觉（*Instink*）称为一种规定自主性的方式的力量，它的规定是源初性的，无需涉及任何尚未经历的快感或不快之感，借此每一个本性都被视为发起和独自维持自身特有实存的活动。

[96]　　就配备了感性的理性（亦即产生语言的）本性只能在它们的理性属性中考察而言，它们的直觉将对人格的实存（自我意识的实存；借助连续的、一贯的联结而被反思的意识统一性的实存）的维持和提升视为对象；直觉因此毫无阻碍地针对提升这一实存的一切。

　　在最高的抽象中，当人们仅仅将理性的属性分离，不再将其视为一种属性，而是将其视为完全自为的东西，那么这样一种单纯理性的直觉只能指向人格性，而排除了人格及其实存，因为人格和实存要求个体性，而这里，个体性必然是缺失的。

　　这种直觉纯粹的有效性可被称为纯粹意志。斯宾诺莎将其命名为理性情感（*Affect*）。人们也可以称其为单纯的理性之心。我相信如果人们在哲学上追寻这一线索，那么一些如若不然便将难以解释的现象，包括德行的绝对律令不容争辩的存在、它的能力及其无能的现象，自身便将完全清晰易懂。但是人们必须同时格外注意言辞在我们的判断与推论中承担的功能，以免因为那些单纯停留在较难解开的文字游戏上的情况而误入歧途或灰心丧气。

3 摘自《阿尔维信札》, 第 295 页 　[97]

　　帷幕的背后却并非如此——我知道啊！但是我只站在它的前面。那时我对身边同样只站在它前面的你说: 正如人的纯粹理性以及它的意志(它在任何地方都同等完善, 因为它在任何人心中都是一且同一的)无法构成特殊的、不同的生命的根基, 或是赋予现实人格以特有的个体价值。是什么产生了独特的感知方式、独特不变的品味——一种神秘莫测的内在的塑造力, 不可探究的力量, 完全自为地活动, 规定自身的对象, 理解它, 坚守着它……呈现一种人格……而且特别是, 它还构成了每一个人的奴性与自由的奥秘——这是决定性的东西。它决定并存在于一种能力, 不是三段论的能力(可类比为半片剪刀或镊子的能力), 而是一种意向的能力; 是一种压倒一切激情的永恒情感的能力。如果我相信一个名为某某的人所说的话, 那么我不会重视他的纯粹理性, 正如我不会重视他嘴唇的动作或他发出的声音。我相信他说的话, 是因为他这个人, 相 [98]信他这个人是因为他自身。使我相信他的原因是他的感知方式、他的品味、他的思维和性格。我将我与他的关系根基于他与自身建立的、使他成为他的关系之上。我相信深藏于他心中的、他想要以及能够说出的无形之言。我相信他心中隐秘的、比死亡还要强大的力量。

　　此外, 因为对一个人而言, 任何意见都可能变得比他的生命更珍贵, 所以一般概念的权威如此显而易见, 一如理性的本性(并非理性的思想物)的强大力量的表现, 以至于只有傻瓜才会否定这一点。鉴于我们的现世生命,由过去、现在、未来凝聚而成,仅仅在概念之中把握自身,为何它的权能不是最高的权能,为何概念无法比感觉更强烈?任何存在于时间中的事物都必然首先产生当下的意识,现世的生命通过联结在自身之中独立行动。因此生命的形式、生命的冲动,以及生命自身,实际上都是同一个。无条件的冲动的对象——我们称之为基本冲动——直接就是具有这一冲动或作用能力之本质的形式。在实存中获得这一形式,在其中表达自身,

[99] 是这一生灵当中所有的自我规定的无条件的目的和原则,没有任何存在者能为自身预设目的,除非凭借或遵循它的冲动。一般来说,冲动指向需求。自然中的一切生灵都带着目的,也就是根据需求的关系行动。这些关系的第一根据,以及它们起源的方式,都无法解释,因此我们不能基于需求阐释冲动,就像我们不能基于冲动阐释需求——我们不能说冲动决定需求,就像我们不能反过来说一样。这二者最初的开端皆存在于它们之外,并且是一个共同的开端。我们只能认识冲动的活动——获取某种关联,提升它并扩展它——我们确实需要认识它,因为不在与自身(内在地和外在地)联结之中的有限存在者是荒谬之物。整体必然先于部分(TOTUM PARTE PRIUS ESSE, NECESSE EST)。

但是虚无也能具有或领受形式,因而作为或成为某物吗?单纯只是形式的形式——一种有效性,其唯一、纯粹的亦即空洞的意图(*Absicht*),没有任何"从哪儿"和"到哪儿"——能够被思维吗?

没有任何冲动——不论人们就其自身来考察它——仅仅只意愿它本身自由的有效性。它的本质是关系:它只需要被满足。

理性的本性对真与善本身的冲动是一种对实存本身、对完满的

生命、自我导向的生命的冲动；它要求独立、自足、自由！——但是 ［100］
只存在于如此晦暗不明的预感之中——如此晦暗不明！

　　因为实存本身、生命本身在哪儿？自由在哪儿？确实，只在自
然的彼岸！显然，自然之中，每一个事物都更多地无限地存在于他
者中，而非自身中，自由则只存在于死亡中！

　　然而我们知道，现在存在、曾经存在并且将会存在一种东
西——一种创造了我们之内无法依照自然产生的活动，创造了我们
奇妙地处于瞬息变化之中的实存内核的东西——深陷在它之中，一
粒将会抽芽的种子之中。永恒的生命是灵魂的本质，因此是它的无
条件的冲动。那么死亡从何处降临在它身上呢？不是从生命和一
切善的父那里，这位父绝不会将其他任何东西深植在我们的内心深
处，除了其自身的心和意志。

[101] 4 摘自《沃尔德玛》，第一部分，参见 138 页

此刻，沃尔德玛（Woldemar）在向他的朋友们叙说，他曾如何执迷于某个问题以至黯然神伤，这个问题就是：当人的精神在追寻德行的时候，它究竟在追寻什么？当它真正地单纯关注这一对象的时候，它真正单纯关注的是什么？

如此多迥异且时常对立的事物，在不同的时刻被视为它追寻的真正且唯一的对象；正如人们在这个问题上莫衷一是，同样的，他们在关于幸福的问题上也各执己见。

纯粹的暗影！——稍纵即逝、恍惚迷离的形象！……影像（Bild）？——那原型（Urbild）在哪？

如果原型无法探明，那么关于善的洞见何以可靠？善的意志何以只认识自身、理解自身，何以只停留在自身中，并成为不变的意志？

或者，这一意志也许仅仅只是与一般概念和影像相关的个人意[102] 识直接产生的结果？仅仅只是对一切天性而言本质上的、处于纯粹理性的形态中的自我持存的冲动？——如果除了它自身的活动，它再无其他任何对象，而且一切德行的原型和起源仅仅只是思想中实存的纯粹形式与空洞形式——是无人格和无人格差异的人格性。

因此，整个魔法就隐藏在概念和语词的欺骗当中，一旦这种欺骗被揭穿，仅仅为了实存而单纯编织的关于实存与实存的令人不安的秘密，便浮出了水面。

"我惊恐不安，"沃尔德玛说道，"因黑暗和空虚尽皆涌入，将

我紧紧裹挟。慌乱中我伸出双臂，想要试探是否还能抓住什么，可以用来重拾我对现实和存在物的感觉。我觉得自己就和布丰*那首优美的诗《初人》（*Ersten Menschen*）中主人公抵挡不住睡意的时候一样，那时他害怕自己拥有的仅仅只是偶然的、转瞬即逝的意识，害怕不据有自己的生命……于是，当他醒来，发现又一次重新找到了自我……惊诧万分，他高喊道：我！……欣喜若狂，他高喊道：超越我，胜过我！……我生命的一切皆流向彼处！"

　　一群身着不朽盛装的英雄——阿基斯与克里奥米尼斯——以及他们在生命与庄严死亡的历程中的高贵旅伴，那些浸沐在永恒美丽中的男人女人——他们皆出现在我的眼前：而当我从这个混乱不安 [103] 的梦境中醒来，我仿佛获得了新生。对我来说，我仿佛是第一次经历眼前这一切；仿佛记忆从未将我带回到普鲁塔克（*Plutarch*）**的这部分内容。我从未如此清晰分明地感受过我此刻感受到的：因此一切在我的眼里都是如此的新奇。我感觉到了此前刚刚挣脱的昏沉蒙昧的状态，即使它还将再度把我吞没，但是它绝不会再像死之永眠那样令我感到恐惧了："此刻，在我心中，我是如此深切地感受到，我绝不会停止存在，一次都不会。"

---

　　*　此处所指是乔治-路易·勒克莱尔·布丰伯爵（Georges-Louis Leclerc, Comte de Buffon, 1707—1788），法国的一位自然学家、数学家与宇宙学家。所引诗句源自布丰所著的《自然历史》（*Historie naturelle*），该书共三十六卷，旨在描述自然世界中所有物质与生物的历史进程，雅可比此处引用的是德语。——译者

　　**　普鲁塔克（Πλούταρχος, Plutarchus，约公元46年—120年），古希腊哲学家。以著作《希腊罗马名人传》闻名，又称《传记录》或《对比列传》（οἱ βίοι παράλληλοι），其中在"改革败亡者"部分，介绍了阿基斯（Agis）和克里奥米尼斯（Cleomenes）的生平事迹。雅可比在《沃尔德玛》中详细介绍了普鲁塔克的这本书。——译者

104

5 节选自一封致友人的信
——论康德的道德学说

当我看见你寄给我的附注中对康德的误解时，我不明白他怎么会被这般误解。因为一个人不论是基于哪部作品来评判他的实践哲学，都将发现他的开篇皆是这一论证：不可能从作为行动的预期结果的客体引出道德法则；相反，道德法则必然不可避免地从作为一切一般目的，因而也是一切特定行为的原因和法则的主体引出。——因此，他怎么可能会提出一种涉及行动后果的公式来作为行动的规定根据呢？

就附注中提到的公式，康德是这样说的：“你要仅仅按照那条你同时能够期望其成为普遍法则的准则去行动。”抑或：“你要这样行动，就像你行动的准则应当成为一条普遍的自然法则。”这个公

式不过是一个康德提出的公式，即一种评判主观准则是否违背了第一特征为普遍性的法则的手段。被付诸普遍性形式便与自身矛盾的准则，则不属于道德的体系。

德 性（Sittlichkeit）的 起 源 或 原 则 自 身，是 理 性 能 力（*Vernunftigkeit*）。然而理性能力蕴含在存在者那样一种能力中，通过这种能力，他便可将自身与其他事物区分开来——鉴于他受对象的刺激，甚至可与自身区分开来，或者存在于刺激自身的能力之中。现在，正如一个理性存在者、灵魂、“我”，不可能被视为他者的谓词，相反就本性而言必然是自我存在者，同时既是主体也是客体，因此也只能在它的结果中将其视为源初的，自我规定的，或直

接规定自身的，这就意味着：就其本性而言它就是目的，就是自在
的目的。

　　现在如果我同时思维多个理性存在者，由于每一个都是自在的
目的，那么鉴于没有哪一个会被其他存在者单纯当作手段，他们必
然会相互限制。理性存在者必然会将这一法则给予自身；或者说，
理性意志必然会通过自身规定自身遵循正义，别无其他意图。

　　至于人的那种受感性刺激的意志，理智的这一意愿现在转换为　[106]
下述的应当、诫命或命令：

　　　　　你要这样行动，把不论是你人格中的人性，还是任何其他
　　　人的人格中的人性，在任何时候都同时当作目的，而绝不只是
　　　当作手段。

　　由此，一切理性存在者的被给予的系统联结通过普遍法则，或
者通过目的王国的理念揭示自身。因此，这一理念不是法则的原
则，而是相反，这一理念由"将一切理性存在者以同样的方式联结
起来"这一法则的表象发展而来。

　　自尊（*Selbstachtung*）是一切道德最初和最终的根据。自尊束
缚了自爱；它对其发布命令；它迫使人格屈从于它自身的人格性，
因为人格隶属于感官世界。这一自尊通过我们对自身的人格性、自
主性与自由的意识而成为一种明显的内心倾向，而且，只要意志依
据那样一种属性外化自身，而凭借那种属性，它自身便是法则，因
而也将法则同等地给予其他一切理性存在者，那么这一意识以及情
感，就会油然而生。

图书在版编目(CIP)数据

大卫·休谟论信仰;致费希特/(德)雅可比著;刘伟冬,
李红燕译.—北京:商务印书馆,2024
ISBN 978 - 7 - 100 - 23932 - 5

Ⅰ.①大… Ⅱ.①雅… ②刘… ③李… Ⅲ.①费希特
(Fichte，Johann Gottlich 1762-1814)—哲学思想—研究
Ⅳ.①B516.33

中国国家版本馆 CIP 数据核字(2024)第 088099 号

大卫·休谟论信仰　致费希特
〔德〕雅可比　著
刘伟冬　李红燕　译

商 务 印 书 馆 出 版
(北京王府井大街 36 号　邮政编码 100710)
商 务 印 书 馆 发 行
北京利丰雅高长城印刷有限公司印刷
ISBN 978 - 7 - 100 - 23932 - 5

2024 年 7 月第 1 版　　　开本 850×1168　1/32
2024 年 7 月北京第 1 次印刷　　印张 6
定价:39.00 元